MARKETING DE GUERRILLA PARA NO MARKETEROS

Helio Laguna

Título: Marketing De Guerrilla Para No Marketeros
© 2017, Helio Laguna
© De los textos: Helio Laguna
Ilustración de portada: Francisco R. Trejo
Revisión de estilo: www.escritoyhecho.com
1ª edición
Todos los Derechos Reservados.

¡¡IMPORTANTE!!

No tienes los derechos de Reproducción o Reventa de este Producto.

Este Ebook tiene © Todos los Derechos Reservados.

Antes de venderlo, publicarlo en parte o en su totalidad, modificarlo o distribuirlo de cualquier forma, te recomiendo que consultes al autor, es la manera más sencilla de evitarte sorpresas desagradables que a nadie gustan.

El autor no puede garantizarte que los resultados obtenidos por él mismo al aplicar las técnicas aquí descritas, vayan a ser los tuyos.

Básicamente por dos motivos:

Sólo tú sabes qué porcentaje de implicación aplicarás para implementar lo aprendido (a más implementación, más resultados).

Aunque aplicaras en la misma medida que él, tampoco es garantía de obtención de las mismas ganancias, ya que incluso podrías obtener más, dependiendo de tus habilidades para desarrollar nuevas técnicas a partir de las aquí descritas.

Aunque todas las precauciones se han tomado para verificar la exactitud de la información contenida en el presente documento, el autor y el editor no asumen ninguna responsabilidad por cualquier error u omisión.

No se asume responsabilidad por daños que puedan resultar del uso de la información que contiene.

Así pues, buen trabajo y mejores Éxitos.

Tabla de Contenidos

INTRODUCCIÓN	9
FUNDAMENTOS DEL MARKETING DISRUPTIVO	15
WHATSAPP GUERRILLERO	25
FACEBOOK LIVE GUERRILLERO	41
FAN PAGE GUERRILLERA	53
MIS ESTRATEGIAS	71
CONCLUSIÓN	87

INTRODUCCIÓN

Hola, te saluda Helio Laguna y antes que nada quiero darte las gracias por estar aquí y ahora.

Pero no solo quiero darte las gracias, también es mi deseo darte mi más sincera enhorabuena, ya que hoy puede ser el mejor día de tu vida.

¿Por qué?

Porque al comprar este libro, has dado el paso inicial hacia el despegue real de tu emprendimiento y eso es algo que no todo el mundo hace, te lo digo con toda certeza.

No vas a encontrar ningún programa de postgrado de Stanford, de Harvard o de la mejor universidad de marketing, que te enseñe lo que vas a aprender en este libro, porque ha nacido al 100% de la práctica profesional que he venido desarrollando en el último año junto a mis socios AMI.

Durante todo un año hemos venido puliendo y nos hemos venido alineando con estos principios, que no son nuevos porque los principios permanecen a lo largo del tiempo.

Pueden cambiar las técnicas, pueden cambiar los canales, puede cambiar todo, pero los principios siempre funcionan, independientemente del tipo de industria en la que estés, independientemente del cliente, independientemente del negocio.

Te lo digo con todo respeto, pero con toda firmeza. Eso de: *"es que mi cliente es diferente"* o *"es que mi negocio es diferente"*, no sirve. Guárdate esa excusa para otro momento.

Todos los negocios necesitan dinero, todos los clientes quieren ser felices y al final del día, eso es lo más importante.

En este libro te voy a hablar de los principios del marketing. Y la verdad es que me molesta un poco decir que son los principios del marketing, porque para mí son principios de negocios.

En el momento actual en el que vivimos, trasciende cualquier especialidad de los negocios, sin embargo, esto no lo inventé yo, fue el padre del marketing de guerrilla, el difunto *Jay Conard Levinson*, la persona con la que aprendí esto.

Es muy importante que tengas muy claro antes de recibir las herramientas con las que vas a desarrollar tu marketing de guerrilla, que cada principio tiene innumerables aplicaciones.

Porque las herramientas tienen un gran valor, pero si no entiendes el principio, no vas a poder aplicarlas con el conocimiento claro de qué, cómo, cuándo y con quién aplicar todos estos conceptos y herramientas para sacarles el máximo rendimiento y beneficio para tu negocio.

Y antes de entrar a fondo en el tema de este libro, quiero explicarte qué es el marketing de guerrilla y la diferencia que tiene con el marketing tradicional, cuáles son los principios del marketing de guerrilla y su espíritu.

Este libro está centrado en que bases tu marketing de guerrilla en tres herramientas, Whatsapp, Facebook Live y la más importante, TÚ.

¿Y por qué eres TÚ la herramienta más importante?

Porque si una vez hayas terminado de leer este libro no haces nada para llevar a la práctica toda esta información que tengo preparada para ti, adivina qué va a pasar...

¡Nada!

No es la estrategia, es la forma en la que le vas a dar sentido. Y sirve con que digas: *"Ya lo estoy implementando, ya lo comprendí, ya sé de qué se trata"* o cualquier otra afirmación de este tipo, si no te está funcionando y no te está dando dinero es porque no lo has comprendido. Así de sencillo.

Porque lo que te voy a mostrar no falla, te lo aseguro, ya que es lo que hago diariamente.

A diferencia de como se hace en el marketing tradicional, debes aprender a pensar como un guerrillero.

Y esto lo digo con todo el respeto, no quiero entrar en polémicas con todo lo que ha pasado con la guerrilla en América del sur.

No me interesa debatir sobre eso, no voy a perder el tiempo con eso, pero tienes que aprender a pensar como un guerrillero, tienes que comprender la filosofía del guerrillero antes de tomar las armas, tienes que aprender a ver lo que el guerrillero ve y que los demás no pueden ver...

Muchas personas piensan que esto es algo de moda o algo que se escucha bonito para vender más, pero debes verlo de esta forma, el 95% de las empresas en el mundo son micro, pequeñas y medianas, lo que quiere decir que no tienen suficiente presupuesto de marketing para hacer lo que hacen los grandes corporativos internacionales.

Por eso, las armas del marketing de guerrilla son diferentes.

Una guerrilla jamás se enfrenta de frente con un ejército que la supera en tamaño, en fuerza y en todos los demás recursos, una guerrilla es como un mosquito.

¿Has intentado dormir en una habitación con la luz apagada con un mosquito que está molestándote con su zumbido toda la noche y no lo puedes matar?

Sí, te hablo de ese mosquito que está todo el rato pica que te pica y por más dinero que tengas, por más lujosa que sea tu casa el mosquito te arruinó la noche.

Pues así es el marketing de guerrilla.

Obviamente que con dinero se pueden hacer muchas cosas, pero nada de lo que vas a leer aquí está supeditado a que tengas dinero para invertir en una campaña de Facebook, por ejemplo.

Por más que Facebook se preocupe por reducir al alcance orgánico de sus publicaciones, no necesitas hacerlo, no necesitas experiencia.

En este momento te digo que no me interesa que vengas a leer este libro con conocimientos previos, así que si puedes vaciar tu mente, mejor.

¿Para qué?

Para que dejes entrar lo que te voy a compartir, para que agua nueva, fresca y clara entre al vaso de tu mente.

Más que saber de algo, lo importante es que estés dispuesto o dispuesta a aprender y a accionar.

No necesitas fama, esto no es para famosos, es para personas que incluso ni siquiera tienen un negocio.

Personas que ni siquiera saben exactamente qué es lo que van a decir para mercadearse.

Ni tampoco necesitas el permiso de nadie, el cielo no se va a abrir ni va a salir una mano santa que te diga: *"Te doy el permiso y la autoridad para que, de aquí en adelante, encuentres una oportunidad de negocios y puedas llamarte experto/a."*

Nadie va a hacer eso, ni lo esperes.

Si tomas alguna certificación es porque la certificación te da un marco teórico, una estructura de cómo entender una profesión, no es el permiso. Porque las certificaciones no generan dólares, no te van a pagar las cuentas, ¿me explico?

Está muy bien que te formes en cualquier especialidad, pero necesitas darte a ti mismo/a el permiso para actuar.

Te van a sentir incomodo/a en muchas de las cosas que te voy a enseñar, porque no existe ningún punto de comparación en el mercado para que puedas decir: *"Ah, es que fulanito también lo está haciendo."*

No necesitas esperar porque una vez apliques todo cuanto tengo preparado para ti, vas a desarrollar una habilidad muy importante que se llama Oportunismo y si te pones a pensar las cosas y a buscar la forma perfecta de hacerlas, adivina qué pasará...

¡Que se te escapará la Oportunidad!

Así que basta ya de preámbulos y vamos a ponernos manos a la obra.

3, 2, 1, comenzamos...

FUNDAMENTOS DEL MARKETING DISRUPTIVO

Todo cuanto te voy a enseñar, no necesitas hacerlo perfecto, ni siquiera bien, necesitas hacerlo, sin más.

Tampoco necesitas ser la empresa más grande, ni el jugador más fuerte en tu categoría de negocios, tampoco se trata de que seas el/la más inteligente, ni que hagas las frases más bonitas, ni que tengas el mejor producto...

Nada de eso.

Vamos a ver algunos principios muy importantes acerca de qué es lo que importa realmente a las personas a la hora de comprar:

Tu marketing no se tiene que enfocar en vender

Así es, no se tiene que enfocar ni en vender la idea ni en vender un producto.

Tu marketing se tiene que enfocar en vender el segundo contacto.

¿Y qué es el segundo contacto?

Que las personas que entraron en contacto por primera vez contigo quieran volver a saber de ti.

¿Me explico?

Es algo muy simple, muy casual, pero muy importante.

Voy a ponerte un ejemplo:

Carlos va a la discoteca el fin de semana y se encuentra con una chica guapísima, cruzan miradas, caminan uno hacia el otro y de repente dice: *"¿Vamos al hotel?"*

¿Qué crees que pasa?

Lo lógico es que le dé un codazo, ¿verdad?

Eso es lo que hacemos con la gente queriéndoles vender en un primer contacto. Es algo idiota, pero así lo hacemos todos, todos, no hay quién se salve de esto.

Entonces, ¿qué es lo más inteligente?

Es más importante crear relaciones que vender, porque el valor de un cliente no está en una transacción aislada, está en la serie de compras que te realice a lo largo del tiempo, incluso en cualquier idea que quieras venderles a las personas.

Y para lograr esto necesitas venderles lo atractivo/a y lo interesante que eres, para que las personas quieran saber más de ti.

No les digas cosas como por ejemplo: *"Oye, métete mañana a la certificación de marketing de guerrilla porque yo la tomé"* porque te van a mandar a volar.

¿Por qué?

Porque esa no es la forma de vender.

Tienes que pensar en cómo venderles la idea de que esto que acabas de vivir es algo que les puede servir a ellos.

Enfoca el 60% de tus recursos en tus clientes

Así es, el 60% de tus recursos deben enfocarse en tus clientes, el 30% en tus prospectos más calificados y solamente el 10% en el resto del mercado.

Lamentablemente, lo que sucede es lo opuesto. El 10% se dedica a los clientes actuales, el 30% a los prospectos y el 60% a atraer nuevos clientes.

Las estadísticas dicen que es 6 veces más caro traer un cliente nuevo y aún así, todas las campañas de marketing en el mundo, no hay nadie que se salve, destinan el 65% de su presupuesto a atraer nuevos clientes.

¿Por qué lo hacemos si es más caro?

Porque somos todos muy irresponsables al pensar que el dinero viene de los nuevos clientes y no pensamos en crear relaciones con nuestros clientes.

Piensa en una empresa que aplica esto en sus trabajadores, si hiciesen rotación de empleados les saldría carísimo. Les vale más la pena tener personas que estén comprometidos con la misión de organización. ¿Cierto?

Entonces ojo, no te vayas con la moda, concéntrate en desarrollar y afianzar la relación con quienes ya confiaron en ti, porque ya te conocen, porque ya invirtieron su tiempo y su dinero en ti y se la están jugando por ti.

Hay tres formas para hacer que este 60% sea un 300% más rentable:

Vende más a tus clientes

Si les vendo en promedio 200 dólares, tu meta tiene que ser vender un poco más por persona. Es decir, vender de 250 o 300 dólares por persona.

Haz que te compren más seguido

Si una persona en promedio visita tu negocio una vez al mes, lo que tienes que hacer es que lo visite como mínimo dos veces por mes y luego hacer que lo visite tres veces y luego cuatro veces...

Haz que te recomienden

Debes hacer que esas personas que ya te compran más y más seguido, te recomienden a alguien más.

Esto no es ciencia nuclear, ni se escucha bonito, tampoco es un logotipo bonito ni una cancioncita bonita de moda en el mercado, pero funciona.

No trates por igual a todos tus clientes

Otro punto muy importante es que no debes de tratar igual a todos tus clientes.

Y no es porque haya clientes de primera o de segunda, como muchas veces nos tratan en el banco.

¿O no te ha pasado alguna vez qué hay una cola enorme y hay una fila que dice clientes VIP y llega una persona e inmediatamente pasa?

¿Cómo te sientes y cómo piensas que se siente ese cliente VIP?

¿Crees entonces que debes de tratar por igual a los que son perfectos desconocidos que a los que son prospectos interesados en tu negocio?

¿Debes de tratar igual a quienes son prospectos que a quienes ya te compraron y son tus clientes?

No, ¿verdad?

¿Crees que debes de tratar igual al cliente que te compra dos dólares al mes que al que te compra cien dólares al mes?

No, ¿verdad?

¿Y crees que debes de tratar igual al cliente que te compra 100 dólares al mes que al cliente que, aparte de comprarte los cien dólares al mes, te recomienda a todo su círculo de influencia, aunque no le pidas que lo haga?

Entonces, ¿por qué lo hacemos?

Es más, por norma general tratamos mejor a los desconocidos que a nuestros clientes.

Todas las promociones son para nuevos clientes, todo lo bonito es para nuevos clientes...

Cambia tu teléfono móvil de compañía y haz la prueba, pregunta si tu compañía te da la misma promoción o el mismo beneficio.

No, ¿verdad?

Tienes que dedicarle más tiempo a las personas que están invirtiendo más en ti y en tu negocio.

¿Lo harás?

Seguro que sí.

Procura diferenciarte

La calidad y el buen servicio al cliente no sirven de nada hasta que vendes algo.

Si vas por la calle en Perú, en Argentina, en México, en Colombia o en el lugar que sea y le preguntas a un empresario qué hace que venda mejor que su competencia, te van a decir todos los mismo: *"Es que tengo el mejor servicio al cliente."*

Siempre dicen lo mismo.

Pero la calidad y el buen servicio al cliente no son elementos diferenciadores son un requisito indispensable y aunque esto les duela a los empresarios porque están enamorados de sus empresas, no venden nada porque es su obligación tener calidad y buen servicio.

Y no solo no venden, sino que tampoco lo pueden demostrar. ¿Cómo se pueden demostrar la calidad y el buen servicio a alguien que no te ha comprado?

No se puede, entonces no son argumentos de marketing, olvídate de eso. En los negocios dentro y fuera de Internet, la moneda de cambio es la atención.

¿Y cómo vas a lograr la atención de las personas?

Haciendo cosas diferentes.

En el libro *"Las Virtudes Inmutables del Marketing"* la primera ley decía: *"Vale más ser el primero, que ser el mejor"* y esa ley duró en mi cabeza mucho tiempo, hasta que cambió.

Y en este momento no es más importante ser el primero ni el mejor, en este momento es más importante ser diferente.

¿Por qué?

Porque si no eres diferente no interrumpes el patrón.

Si no eres diferente nadie logra verte y si nadie logra verte, nadie te va a escuchar, nadie te va a comprar y vas a seguir viviendo en el anonimato.

Construye tu marca correctamente

Tu marca no se construye ni con publicidad, ni con relaciones públicas, ni nada de eso.

Tu marca se construye de dos formas:

Haciendo el mejor marketing, el más diferente para que la gente te vea y te compre.

No cumpliendo lo que prometes sino superando la promesa que habías hecho.

De esas dos formas se construye una marca, no con anuncios bonitos, no con un logotipo bonito, no con campañas bonitas... Eso no construye marcas.

Hacer el mejor marketing para sobresalir de los demás y cumplir lo que otro no cumple en el momento de entregar su producto, no es fácil, no es automático, no es bonito, pero es necesario.

En un principio ser el primero era mejor, pero ahora ser diferente es mejor que ser el primero.

¿Por qué te lo digo de nuevo?

Porque si eres una pequeña empresa o un profesional independiente que quieres entrar en un nicho donde hay otras personas, no debes alejarte como hacen muchas personas, porque ya no gana el pez más grande, ahora gana el pez que se mueve más rápido.

El espíritu del Marketing de Guerrilla

La persona más oportunista el mundo es la persona que la tiras de cabeza y cae de pie.

Que la dejas en calzones en el Polo Norte y regresa a su casa con un millón de dólares en la mano.

¿Por qué?

Porque sabe ver las oportunidades en cualquier contacto que tiene con el mundo, tiene el radar encendido y ve lo que otros no ven, por eso puede aprovechar las oportunidades que se le presentan.

Y tú tienen que hacer lo mismo.

Cuando no tienes recursos económicos cuantiosos para hacer varias campañas, el oportunismo es uno de tus principales combustibles y por supuesto, debes sumarle la velocidad. En el marketing de guerrilla la velocidad mata la perfección.

Aunque no comprendas al 100% la naturaleza técnica, filosófica o corporativa de lo que vas a hacer es muy importante que te muevas y rápido.

En los negocios hay veces en las que no tienes el control de tu especialidad y tengas que bailar al ritmo que otros imponen. Pero lo que sí que tendrás es el 100% del control de cómo vas a actuar ante eso que te sucede y ahí está tu poder, el poder de la consciencia, el poder de responder y no reaccionar y el poder de hacer lo que sea mejor para ti.

Debes activar tu lado creativo.

La creatividad no es inspiración divina, sino la mejor forma de resolver un problema.

Todos somos creativos por naturaleza y hay muchos recursos que puedes usar.

Por ejemplo, mi amigo y socio Mario Corona estuvo escribiendo un saludo mal escrito para que la gente le pusiera atención a sus correos.

Le decían: *"Mario, ey lleva hache de acuerdo a la real academia de la lengua española."*

Evidentemente que él lo sabía, pero lo que logró al poner ey sin hache, es que la gente se acordara y le saludara. En otras palabras, estaba presente en sus cabezas.

Disrupción es o va a ser una palabra con la que vas a tener que lidiar de aquí hasta los próximos años porque está de moda.

Todo mundo habla de marketing disruptivo, de negocios disruptivos, pero pocas personas lo entienden y menos personas lo viven realmente.

Disrupción, en términos sencillos, es interrumpir el patrón, romper la monotonía, sacar a la generación Z (como les llamo yo porque todos viven como zombies en esta generación) de su eterno letargo y hacerlos despertar, ¿me explico?

Hay muchas formas de hacerlo, por lo tanto sería ridículo si quisiera decirte cómo romper el patrón siempre porque la creatividad es el límite.

Puede ser con una foto, puede ser con un sonido, puede ser con una expresión, puede ser con un estilo... Todo puede funcionar siempre y cuando haya una idea detrás de eso, porque si no rompes el patrón, pasas desapercibido/a.

Imagínate una manada de cien ovejas de color blanco, todas del mismo tamaño.

¿Cómo encuentras a la oveja que tiene una marca en la pata si no puedes ver la pata?

No se puede.

¿Cómo sabes cuál tiene mejor carne si no la has probado?

No se puede.

Y eso es lo que sucede en el marketing y en la comunicación hoy en día.

Es muy importante que recuerdes este capítulo, que lo grabes a fuego en tu cabeza, para que pienses estratégicamente en el momento que empieces a usar las herramientas que te voy a presentar a continuación para llevar a cabo tu marketing de guerrilla.

Si no lo haces, estarás pensando a nivel táctico y no obtendrás los resultados que deseas.

WHATSAPP GUERRILLERO

Un día, en un taller de AMI, uno de los asistentes me dijo: *"Y por qué no haces marketing por Whatsapp? Mira lo que estoy haciendo y cómo funciona."*

Y me mostró Whatsapp y cómo estaba construyendo una lista de difusión.

Como te puedes imaginar, esta información me voló la cabeza, ya que hasta entonces había estado trabajando con mis suscriptores a través de auto respondedores y no me había ido nada mal (aún lo sigo haciendo).

Esto me abrió la mente a un mundo de posibilidades enorme.

Pero en este libro no voy a hablarte de auto respondedores, eso es muy complejo si quieres accionar ya, te voy a hablar de algo con lo que me di cuenta de que podía tener una comunicación más directa e instantánea con mi público.

Algo que me permite comunicarme con ellos y que sigan mi mensaje en el acto.

Algo, querido/a lector/a, que me parece increíble y por eso lo empecé a hacer en cuanto lo descubrí, además de todo lo que hacía y eso es lo que me hizo pasar a otro nivel.

Se trata de que, con algo tan sencillo como enviar mensajes de Whatsapp, vas a lograr un enorme posicionamiento de tu negocio, lo que se traduce en más ventas y por lo tanto, enormes resultados.

¿No te parece increíble lo que te estoy diciendo?

Sí, ¿verdad?

Te entiendo, a mí también me pasó y por eso quiero mostrarte lo que estoy haciendo para que lo puedas hacer tú también.

Comunicación efectiva a través de Whatsapp

Te voy a compartir dos principios que quiero que se graben a fuego en tu mente para que tengas resultados:

Las personas compran a quien conocen

Así es, para que las personas te compren, tienen que conocerte, les debes caer bien y por supuesto, has de ganarte su confianza.

Para que tengas Éxito es imprescindible que sucedan estas tres cosas. No una, sino la combinación de las tres.

No te comprarán si solamente te conocen.

No te comprarán si únicamente les caes bien.

Ni tampoco te comprarán si solo has hecho algo para ganarte su confianza.

Te comprarán si te conocen, les caes bien y confían en ti.

Si esto te ha quedado claro y se ha grabado a fuego en tu mente, es la hora de pasar al siguiente principio.

Elabora una estrategia para que estas tres cosas se den

No se trata de fastidiar a las personas, eso ya no funciona.

Quizá funcionó en la época en la que Internet empezaba a hacer ruido y la gente se salía con la suya haciendo spam porque nadie entendía lo que era el spam.

Entonces funcionaba, pero no hoy en día.

Aun así, todavía hay personas que siguen enseñando cómo hacer spam, algo que ya pasó de moda y que ya todo el mundo, con solo verlo, puede detectar cuando hay una intención de spam, de molestar, de perseguir a las personas, de acorralarlas.

¿Alguna vez te has topado con algún post en Facebook o algún correo en tu bandeja ofreciéndote una oportunidad de negocio o algo similar que ni tan siquiera te interesa?

¿Sí?

Y dime, ¿te cae bien eso o no?

No, ¿verdad? Más bien, molesta.

¿Confiarías en una persona así?

No.

¿Te cae bien una persona así?

Tampoco.

Entonces no se trata de fastidiar, olvídate de eso.

Al principio no querrás que las personas piensen que quieres monetizar, ¿verdad?

Si es así, cambia inmediatamente ese pensamiento porque no se trata de eso.

Al principio debes demostrarles que sabes de lo que estás hablando, que puedes agregarles valor y luego ya podrás abrir una relación comercial con ellos, pero no de entrada.

Por lo tanto, no se trata de fastidiar a las personas, se trata de agregar valor a las personas.

Hay una ley que es la Ley de Causa y Efecto.

¿Conoces esa ley? ¿La escuchaste alguna vez?

Esta ley dictamina que toda causa tiene un efecto y todo efecto tiene una causa.

Es decir, si te enfocas en la causa, que es agregar valor, el efecto está garantizado, viene por añadidura. Así que, sí o sí, enfócate en agregar valor.

No te enfoques en ganar dinero si la persona no te conoce, porque no te estarás enfocando en la causa sino en el efecto, en el resultado.

No cambias o generas efectos enfocándote en el efecto, tienes que enfocarte en la causa para producir un efecto. Y eso es lo que vas a hacer y por eso es importante que lo entiendas.

Hemos pasado de la era de la información a la era de la conectividad.

¿A qué me refiero con esto?

A que existió la era de la información y de hecho hay muchas personas que piensan que todavía estamos en ella. Y sí, de cierta manera lo estamos, pero no de la misma manera que antes, en la que la comunicación era automatizada y fría porque se hacía por medio de máquinas.

Ahora ya no funciona así, la gente prefiere conectar con una persona antes que ver y lidiar con un contestador automático, un auto respondedor.

La parte automatizada fue bastante interesante y sigue funcionando, pero no todo el tiempo.

Un negocio no puede funcionar al 100% en automático hoy en día, la parte personal es muy importante sobre todo cuando queremos llevar nuestro negocio a otro nivel y empezar a cobrar por productos caros, productos de alta gama.

Para generar algo de alto valor tienes que empezar a tener ese contacto con las personas, tienes que conectar con las personas y ese es otro tema importante que quiero que entiendas, porque tiene que ver con lo que te voy a mostrar para que empieces a trabajar para lograr esto, para apalancarte en esta era en la que estamos viviendo que es la de la conectividad.

Te voy a compartir la habilidad de crear una comunidad responsiva.

¿A qué me refiero con responsiva?

A que cuando les compartes algo, recibes una catarata de feedback.

A que cuando haces una pregunta, un montón de personas te responden, es decir, que haya una retroalimentación, que sea una comunicación de ida y vuelta.

Cuando logras esa conexión, logras que las personas te presten atención y es más, logras que las personas esperen que sigas comunicándote con ellos.

No se trata de enviar bonitos mensajes al aire, se trata de tener una comunicación, una conversación con las personas. Esa es la clave hoy en día, tener una conversación con las personas.

Y puedes comunicarte de esa manera con una lista, con un grupo de personas y que ellos sientan de verdad que te estás comunicando con una persona, con esa persona y que no lo haces para engañar a nadie porque el mensaje va genuinamente, para toda la comunidad incluyendo esa persona.

La idea es que utilices esto que estoy a punto de compartirte para bien, para ayudar, para dar valor y para compartir genuinamente lo mejor que tienes, no para dañar a nadie.

Construyendo tu comunidad responsiva

¿Cuál es la finalidad de crear una comunidad responsiva?

Que puedas conectar con ella de acuerdo a la estrategia de que hayas diseñado previamente. No es casualidad, no es suerte, va a suceder lo que quieres que suceda porque quieres que así sea y sabes cómo hacerlo.

Y para que puedas conectarte con las personas de tu comunidad responsiva con efectividad máxima, debes conocer cuáles sus valores y sus pasiones y de esa manera sabrás de qué y cómo hablarles para impactar sus vidas con tu mensaje.

¿Cómo comienza todo?

Con una lista.

Recuerda que no quieres hablar con una persona, no estás aquí para impactar una vida, aunque una vida es muy importante, pero ¿qué tal si en vez de impactar una vida puedes impactar muchísimas vidas o puedes compartir tu mensaje a gran escala?

Proyectar tu mensaje a gran escala e impactar muchísimas vidas en simultáneo, ¿no sería mejor que impactar una vida?

¿Sí o no?

¿Y cómo vas a hacer eso?

Construyendo una lista, una base de datos.

Y ahora estarás pensando: *"¡Uy no, ya empezamos con el tema de la tecnología que es donde siempre me trabo y por eso nunca puedo emprender!"*

Tranquilo/a, no te estoy hablando de nada que no sepas.

Te estoy hablando de que puedas construir una comunidad con una lista a través de Whatsapp, algo que ya tienes en tu móvil y que utilizas frecuentemente.

¿O no?

¿Cómo empezar a construir una lista de Whatsapp?

Ofreciéndoles un regalo.

Así es, les debes ofrecer un regalo a cambio de que te escriban un mensaje vía Whatsapp solicitándotelo. Este regalo se suele llamar en la industria del marketing, "soborno ético."

Es decir, estás sobornando éticamente a las personas. Tranquilo/a no vamos a ir preso/a por eso, es legal y además es una bonita manera de que entiendan que les estás dando algo a cambio de su Whatsapp.

Esto lo puedes hacer vía cualquier red social, cualquiera.

Te recomiendo sobre todo que lo hagas por Facebook, porque es la red social en donde estás la mayor parte del tiempo y si tú estás la mayor parte del tiempo en Facebook, ¿no crees que el resto del mundo también?

Por eso es el mejor lugar para empezar a hacer esto.

Te voy a dar un ejemplo de una de las cosas que yo hago:

Lo primero que hago es publicar un post, ya sea en mi muro o en mi página de fans o en algún grupo que administre (a veces en todos los sitios a la vez) dependiendo del tipo de personas a quienes va dirigido y con quienes quiero hacer lista.

En ese post suele haber una foto con alguna imagen motivante y una frase de las muchas que he leído en los libros y la información que he recibido de los grandes mentores con los que me he formado (y sigo haciéndolo) y que ha transformado mi vida y que creo que puede ayudar a las personas a que vayan en busca de lo que quieren y que no tienen idea de cómo lo pueden lograr.

Entonces, cuando les doy una frase que resuena con ellos y les ha hecho prestar atención a mi post, a continuación lo siguiente que van a hacer es leer el texto que he adjuntado en la parte superior de la foto.

¿Y qué es lo primero que hago en este texto?

De entrada pongo una frase o una pregunta que me ayude a filtrar a las personas que no son para mí y atraer a las que sí son para mí.

Y eso lo hago de entrada, justo arriba del texto que se ve sobre la foto.

¿Por qué?

Porque tenemos muy poco tiempo para que una persona se dé cuenta de si lo que mostramos en ese post es para ella o no.

Si lo hubiese puesto al final quizá la persona que estaría interesada en eso, como lo primero que puse no le llamó la atención, no va a seguir leyendo. Por eso debes llamar de entrada la atención a la persona a la que le resuena esta información, estos autores o lo que sea.

¿Y qué viene después?

Pues puedes poner un texto en el post tipo un artículo sobre un tema relevante que resuene con sus gustos y aficiones (ya te dije que debes conocerlos) y que haga despertar su curiosidad por saber más.

Por ejemplo, imagina que yo quiero hacer una lista de personas interesadas en las ventas de alto valor y les doy un tip en el post, pero al final les digo:

"Si te gustó este tip invaluable que es el primero de una lista de diez y quieres conocer los nueve restantes, no te preocupes, te los voy a hacer llegar y lo haré de una manera totalmente diferente a la acostumbrada.

Te entregaré estos nueve tips restantes en nueve audios gratis y te los voy a compartir vía Whatsapp.

Para que te agregue al grupo de personas que están haciendo este entrenamiento, lo único que tienes que hacer es enviarme un mensaje de Whatsapp a diciéndome "quiero entrar al curso" (tienes que escribir una frase clave para que luego sepas de dónde viene esta gente y qué es lo que quiere) a mi teléfono (y le pongo mi teléfono ahí).

Si no tienes Whatsapp descarga la aplicación, porque luego de este entrenamiento te seguiré compartiendo información de mucho valor en audio y siempre gratis a través de este medio.

Envíame ese mensaje y sigue aprendiendo vía Whatsapp.

Hay una sola cosa que te puedo decir sobre este regalo es información muy valiosa, por la que mucha gente pagaría miles de dólares."

¿Te das cuenta de lo que acabo de hacer?

Les presenté una idea que filtrara a las personas llamando la atención de las personas que pudieran estar en armonía con esto. Luego les expliqué qué es y les di una muestra de eso que les voy a dar y al final les dije cómo lo pueden recibir.

Hay una fórmula para construir un mensaje así, que es:

Esto es lo que tengo.

Esto es lo que puede hacer por ti.

Esto es lo que quiero que hagas para recibirlo.

Esto es un embudo fácil de llevar a cabo porque no necesitas tecnología para ello, solamente una cuenta en Facebook, agregar valor, tu número de Whatsapp y luego seguirles dando valor agregado.

Así es cómo vas a lograr que las personas lleguen a tu lista de Whatsapp.

Y puede que pienses que para mí es muy fácil porque tengo 5.000 amistades en Facebook.

¡Cuando empecé a llevar a cabo esto no los tenía!

La idea es que empieces con lo que tienes.

No te estoy pidiendo que en un día tengas una lista de cien mil personas en Facebook, te estoy mostrando una manera sencilla de empezar a tener una lista en Whatsapp.

Hay mucha gente que ni siquiera sabe cómo empezar a crear una lista y esta es la forma de empezar sin necesidad de tener conocimientos técnicos, ni de invertir en campañas de publicidad porque tus mensajes no van a llegar solamente a tus amigos, depende de la configuración que tienen muchos puede llegar a los amigos de los amigos y a los amigos de los amigos de los amigos.

No desestimes nunca el poder de Facebook porque seas una persona que está empezando.

También puedes poner hashtags en tus publicaciones.

Los hashtags atraen personas que no te conocen porque por lo menos a mí la gran mayoría no me conoce y no soy famoso ni nada y me agregan personas.

Alguien puede poner el hashtag y de repente le va a aparecer tu post, invitándole a tu Whatsapp, o sea que los hashtags son importantes.

Imagínate si empiezas a hacer esto hoy mismo con un mensaje que resuena con el público que tú quieres atraer y los invitas a tu Whatsapp y te empiezas a comunicar con ellos por Whatsapp...

¿Sabes qué vas a lograr?

Que sean ellos quienes decidan escribirte, no tú a ellos.

Hay una gran diferencia, ¿no crees?

No sé si sabes que actualmente tengo 55 libros publicados en Amazon y algunos de ellos en formato físico también y lo que hago es mostrarlo en mis eventos presenciales y profundizar en cada uno de los factores del tema que trato en ese libro y los llevo a otro nivel bajo la información o el filtro de la información que manejo.

Cuando termino, lo que hago es preguntar quién quiere ese libro, que cuesta 19 dólares, totalmente gratis.

Evidentemente se desata la locura y es cuando les digo: *"Ok, se lo voy a entregar en audio a todos. Lo único que tienen que hacer es..."*

Y les comparto mi número de Whatsapp.

Entonces si hay una audiencia de 100 personas, 100 personas me dejarán su Whatsapp instantáneamente. ¿Te das cuenta del poder que tiene esto?

Lo que puedes hacer en Facebook lo puedes hacer en vivo y en directo o también lo puedes hacer a través de un auto respondedor, pero hoy no vamos a tocar este tema porque eso ya es más avanzado y la idea es que comiences con lo que ya tienes.

Recuerda que no es momento de vender nada, eso viene después, cuando ya te conocen y tienes confianza con ellos para decirles: *"Este es el vehículo que uso"* y como confían en ti, se van a enganchar con tu producto o servicio.

¿Qué sigue después de tener la lista?

Una vez que una persona ya te ha dejado su número a través del mensaje que te envió, le vas a escribir para preguntarle su nombre completo y esperas a que responda.

No te preocupes, van a contestarte rápido.

¿Por qué?

Porque generalmente no tienen comunicación con nadie que les está agregando valor con algo que ellos quieren vía Whatsapp, así que te van a contestar el mensaje que les están envíes.

Es decir, vio un mensaje en Facebook, hizo lo que tú le dijiste y le estás contestando por Whatsapp. Probablemente nunca le había sucedido eso, así que te va a dar el nombre, lo vas a copiar el nombre y vas a crear ese contacto en Whatsapp.

Y no solo con uno, así lo vas a hacer con todos los que te sigan entrando.

¿Y qué hacer con todos esos contactos?

Crear una lista, un recipiente, una lista de difusión de Whatsapp para que esas personas puedan habitar junto con las demás que te escriban solicitándote el recurso que les ofreciste porque quieres tenerlos segmentados, quieres tener una casa donde vivan estas personas que te pidieron esa cosa en particular, porque puedes regalar otras cosas a otras personas de otro tema diferente y a esas personas las pondrás en otra lista, no los debes mezclar.

Las listas de difusión son diferentes a los grupos.

Whatsapp te permite crear grupos donde todos se comunican con todos, pero una lista de difusión es un grupo donde la comunicación es de una vía, tú hablas, todos pueden recibir ese mensaje a la vez, pero cuando ellos te contestan, solo tú vas a ver ese mensaje, los demás integrantes de esa lista no.

¿Entiendes la diferencia?

Entonces lo que debes construir para esta estrategia son las listas de difusión y una vez lo hagas, tendrás una pecera y los peces que deseas en esa pecera. Pero si no alimentas esos peces, qué pasa?

Se mueren.

Y con tu lista pasará lo mismo, puedes tener un montón de gente, pero si no les agregas valor esa comunidad se va a morir.

Si los fastidias vendiéndoles cosas todo el tiempo te van a pedir que los saques de la lista.

Si no contactas con ellos se van a morir y si los molestas los perdiste, vas a tener que sacarlos de la lista.

Entonces, ¿qué es lo que tienes que hacer?

Alimentarlos con la comida de mejor calidad que puedas encontrar.

Obviamente no les vas a dar todos tus cursos gratis, no estoy hablando de eso, estoy hablando de agregarles valor en pequeñas dosis todos los días, demostrándoles que les puedes ayudar dándoles consejos, tips, estrategias, imágenes con frases poderosas...

Las sagas son muy importantes porque tienen continuidad y la gente espera a saber cómo continúa la historia.

Cuando te comuniques con la gente, no vas a entregarles el contenido y nada más, trata de que sea una comunicación.

Por ejemplo, les puedes preguntar: *"¿Quieres el tip de hoy?"* Y esperas media hora a que la gente te conteste y luego lo envías.

O si es algo que ya tiene continuidad, supongamos que ayer enviaste un mensaje diciendo: *"Esto es así, así y así, pero hay una clave para esto, te lo doy en el tip de mañana..."* Y lo dejas ahí.

Al otro día tu mensaje puede ser: *"¿Listo para resolver el dilema?"* Y esperas a que te contesten.

¿Te das cuenta de la continuidad en una comunicación así?

Así es como logras que una lista sea responsiva, que esté viva, que esté esperando y que quiera lo que tú tienes, esta es una clave muy importante y hace toda la diferencia con Whatsapp.

Hay gente que usa Whatsapp y ya, y hay gente que usa Whatsapp y tiene resultados en Whatsapp.

¿Por qué tienen resultados?

Porque tienen analizada la responsividad de su audiencia.

Debes saber qué es a lo que la gente de tus listas responde y si responden a eso, el día que tengas algo para ofrecer, para vender, también te van a responder porque ya están acostumbrados a responderte y aparte has probado que puedes ayudarlos.

Ofrece imágenes con frases poderosas

Las imágenes con frases poderosas son muy importantes dentro de la variedad de comunicación que puedes compartir.

La información de valor que ofrezcas puede ser texto, pero agrega también imágenes con citas poderosas o conceptos poderosos porque son muy efectivas.

Hay de dos clases:

Las imágenes abstractas con alguna cita poderosa: Y por abstracta me refiero a que es la foto de algo, no de ti, es una imagen abstracta, no soy yo, es una idea, es un concepto.

Por ejemplo si les dices: "La felicidad es siempre una elección y no un resultado" y en la imagen aparece alguien mirando hacia un determinado lugar, como que está buscando, que está eligiendo, ¿me explico?

Hay una mezcla entre lo que dice la imagen y lo que dice el concepto que es como que agarran un martillo y te dan un martillazo en la cabeza para que digas: "¡Wow!" Y que aprecies un poquito más la vida y te enfoques en la vida desde este filtro.

Las imágenes mostrando tu estilo de vida: Si no tienes estilo de vida es la excusa perfecta para empezar a crearlo. Ves a lugares interesantes, haz cosas que no sueles hacer, tómate fotos ahí y muéstralas.

Otra cosa, si tienes la oportunidad de hablar en público o estar en esas situaciones especiales fuera de lo común, aprovéchalas. Esto se llama construir un status de celebridad.

La mayoría de las personas no están arriba del escenario o no han agarrado un micrófono, no están delante de un público, si tienes la ocasión de hacerlo, aprovéchalo.

Y no solamente eso, comparte ideas bajo el filtro de tu persona en esa situación y te crearás el status de celebridad.

¿Cómo crees que los famosos son famosos?

Por las revistas. Y esto es una revista.

Una vez comiences a hacer esto, la gente te empezará a ver diferente y te prestarán atención, vas a ser un famoso o una famosa, créeme.

¿Por qué?

Porque no todo el mundo logra estar en una situación así, entonces si tienes la oportunidad, tienes que capturarla.

Cuando las personas te están respondiendo, ¿cómo saber a qué grupo de todos los que tienes pertenecen?

No se puede saber, pero depende de lo que te respondan, ya sabes cómo encarar la situación, cómo entablar esa comunicación.

Si te dicen determinada cosa, eso que te dijeron te va a dar pie para que encares esa comunicación de cierta manera y una vez que la persona te contestó, entra en juego una comunicación de persona a persona de verdad, ya no estás hablando con una lista, ahora estás hablando con las necesidades específicas de esa persona.

Entonces ahora tienes que enterarte de lo que necesita, por qué escribe lo que escribe o cómo le puedes seguir ayudando y te abrirá las puertas a una comunicación y eso es muy importante, porque a través de esa comunicación te vas a enterar de una forma personalizada de qué necesita y cómo le puedes ayudar.

¿Por qué?

Porque provocaste que te diese esa respuesta.

Ahora es una lista responsiva, no es una lista muda.

Empieza a aplicar todo esto desde ya.

Yo ya tenía mi negocio y lo manejaba de otra manera, pero si hubiese empezado solamente con esto, habría tenido resultados.

Así que utilízalo.

FACEBOOK LIVE GUERRILLERO

Ya sabes cómo hacer marketing con Whatsapp y ahora toca mostrarte cómo hacer marketing con Facebook Live.

Como ya has podido darte cuenta, las herramientas comúnmente aceptadas están evolucionando y las estamos cambiando.

Antes del email marketing se hacía marketing con cartas. Es decir, nos llegaban cartas promoviendo algo, vendiéndonos diferentes revistas, etc.

Toda esa publicidad llegaba a nuestro buzón, la veíamos y nos suscribíamos a alguna revista o bien comprábamos alguna enciclopedia, etc.

Eso fue sustituido por las cartas electrónicas (el correo electrónico o email marketing) y lo que estamos haciendo con estas nuevas técnicas de marketing que te estoy mostrando aquí es estar a la vanguardia.

Ahora las tasas de correo de email marketing han bajado del 20 o 30% que era algo comúnmente aceptado al 5% o 3%.

De hecho, hay personas que tienen listas de suscriptores en las que solo el 1% abren sus correos.

En cambio, ¿qué pasa con Whatsapp?

Ya lo sabes, el 99,9% si no el 100% de las personas, cuando inicias una lista de difusión, abren tus mensajes.

Es irresistible no abrir un Whatsapp. Primero, porque quieres saber quién te lo envió y después, porque quieres saber qué dice ese Whatsapp. Así que terminas por leerlo. ¿Cierto?

Hubo un tiempo en el que los mensajes de texto tuvieron el control de nuestras vidas, pero ahora ya nadie los ve.

De hecho, en mi teléfono hay en estos momentos 180 mensajes de texto SMS que no he leído ni quiero leer porque no me interesan.

Sé que no es mi madre, que no es un amigo, que no es alguien que me quiere comprar, porque ya nadie usa mensajes de texto.

En cambio, abro todos los mensajes de Whatsapp que me llegan.

Ahora la atención está en Whatsapp y pasa lo mismo con Facebook Live.

¿Cuáles son los antepasados de Facebook Live?

Hacer eventos presenciales, que todavía funcionan muy bien.

Pero esos eventos presenciales fueron sustituidos por hacer Webinars o Hangouts en línea.

¿Por qué?

Porque ya no hay necesidad de ir a un salón, haces el Webinar online y puedes interactuar con las personas, darles contenido de valor y venderles.

Pero estos Webinars, poco a poco también están bajando su efectividad.

Se registran muchas personas y solo va el 5 o el 10% de los que se registraron. Aun así yo continúo haciendo marketing con Webinars.

Pero ya lo que tiene ahora la atención del mercado y que se puede considerar la evolución de los Webinars, date cuenta que te estoy mostrando lo último, y que todavía muchas personas no están usando es Facebook Live.

Puedes usar Facebook Live como si fuera un Webinar, pero con esta herramienta que es gratis, que la tienes en Facebook.

Pero no la vas a usar de cualquier manera, sino con el sistema al que llamo "Facebook Live Guerrillero."

¿Cómo utilizar Facebook para vender y por qué Facebook?

Verás, Frank Kern, el marquetero número dos del mundo (el número uno soy yo jejeje) utiliza Facebook Live para sus transmisiones.

De hecho, las realiza de manera tan profesional que parece que son programas de televisión, pero los hace a través de Facebook Live.

¿Y por qué crees que alguien como Frank Kern utiliza Facebook Live para hacer sus transmisiones totalmente gratis?

Por todas las ventajas que le ofrece.

¿Cuáles son las ventajas del Facebook Live Guerrillero?

Se llena viralmente

Para tener personas en una sala de Webinar, primero tienes que promover el link del registro a tu Webinar y no todas las personas se van a registrar, se van a registrar una de cada tres, es decir, un 30%.

Y de esas personas que se registraron a tu Webinar, va a llegar una de cada cinco, o lo que es lo mismo, se va a presentar el 20% de las personas.

¿Qué sucede con Facebook Live?

De entrada, no necesitas registrar a las personas, aunque si avisas que vas a hacer una transmisión de Facebook Live es mucho mejor, pero puedes iniciar una transmisión con cero personas y después se van agregando personas. Se llena viralmente.

Cuanto más dure tu transmisión, más personas se van a ir uniendo porque Facebook comienza a notificar a las personas que estás transmitiendo en directo y cuando ven la notificación, entran.

Por eso, cuanto más dure tu transmisión, más personas van a llegar.

Las transmisiones son gratuitas

Hay muchos sistemas de pago en lo que a salas de Webinar se refiere, incluso las hay que valen hasta 500 dólares al mes.

Sin embargo, transmitir con Facebook Live es gratis y con las herramientas que te voy a dar puedes hacer exactamente lo mismo que esos sistemas costosos de Webinars.

Puedes hacer que tus transmisiones de Facebook Live parezcan transmisiones de televisión (como las de Frank Kern) y que tengan todas las características y beneficios de un Webinar, de un Hangout gracias a un software que te voy a dar gratis.

Herramientas

¿Cuál es el software que te permite hacer todo esto?

El que utiliza Frank Kern se llama Wirecast y cuesta 500 dólares en la versión más básica y unos 1.000 dólares en la más avanzada.

Eres libre de decidir invertir en ese software si es que tienes 500 o 1.000 dólares para ello, pero existe un software que hace exactamente lo mismo que Wirecast y que puedes descargar gratis en obsproject.com.

Este software te permite iniciar una transmisión de Facebook Live desde tu ordenador, no necesariamente desde tu teléfono, y te permite poner todas las cámaras que quieras.

También te permite compartir pantalla, por lo tanto, puedes hacer una presentación de PowerPoint y compartir tu pantalla para que las personas que están en Facebook puedan verla como en un Webinar.

Recientemente han salido más herramientas muy buenas y gratuitas como BeLive que ni siquiera es un software, corre en línea. Para usarla solo tienes que ir a esta dirección belive.tv

BeLive tiene dos grandes ventajas: que es gratis y que, al igual que con OBS, puedes poner textos, puedes poner anuncios, puedes decirles que te hagan preguntas, etc.

Otra habilidad que tiene este sistema es que puedes hacer entrevistas cara a cara. Puedes entrevistar a quién quieras y hacerlo donde quieras, en una página de fans, en un grupo, en tu perfil...

Con OBS puedes iniciar una transmisión en Facebook Live desde tu ordenador, pero no vas a poder entrevistar a nadie a menos que hagas el truco que se hacía antes de que existiera BeLive que era iniciar una llamada por Skype y compartir tu pantalla de la llamada por Skype y así podían estar dos personas en una transmisión de Facebook Live.

Por suerte ya no es necesario hacer todas esas locuras, con esto ya lo puedes hacer de manera sencilla y rápida.

Otra herramienta, aunque esta es de pago, se llama Veedio.

¿Qué es lo que te permite hacer?

Te permite usar cualquier cámara para transmitir por Facebook Live. Se conecta a cualquier cámara de vídeo y la convierte en un sistema de transmisión con Facebook Live.

Entonces, conectas a Veedio la cámara más vieja que tengas, esa que ya ibas a tirar porque no te sirve para nada y haces una transmisión en Facebook Live a través de ella.

Y recientemente acaba de salir la cámara Mevo, que puedes encontrar en https://getmevo.com/

Esta cámara te permite hacer transmisiones en Facebook Live y además, te permite grabar. Es decir, puedes elegir entre dos cosas.

Esta cámara cuesta 399 dólares y es prácticamente un estudio de grabación. Hace las tomas por ti, le puedes poner que te vaya siguiendo, que enfoque hacia donde te muevas, etc. Y lo mejor, de manera automatizada, tan solo la pones a grabar y te va siguiendo.

Entonces, puedes dirigir lo que estás grabando o dejarla que ella sola haga su trabajo y transmitir en Facebook Live.

El sistema Facebook Live Guerrillero

¿Cómo funciona este sistema?

Tiene tres etapas: qué hacer antes, durante y después de la transmisión de Facebook Live.

Vamos a verlas con detenimiento:

¿Qué se hace antes?

Avisar.

Ya sabes que se llena viralmente, ya sabes que puedes comenzar con cero personas y terminar con cien, doscientas, trescientas, quinientas o incluso mil personas.

De hecho, si todos los días tienes mil personas en tus transmisiones puedes terminar siendo alcaldes o alcaldesa.

En serio.

Mira, en México se dio la oportunidad de ser candidatos independientes para las provincias y la primera persona que se lanzó como candidato independiente, es decir, que no formaba parte de ningún partido, se registró y comenzó a utilizar Facebook.

Se supone que no tenía dinero porque era independiente, con sus propios recursos y lo que utilizó para su campaña fue Facebook. Creó una página de fans y todos los días, desde su página de fans, comenzó a hacer transmisiones de Facebook Live.

No sé si sabes que en la política se trata simplemente de repetir tu mensaje, de estar diciendo todas tus promesas de campaña constantemente y eso es lo que hacía él, decía todas sus promesas de campaña en Facebook Live.

Yo lo sé porque lo seguí desde el principio, desde que se registró como candidato independiente, ya que me llamó totalmente la atención cuando vi que tenía una página de fans y que hacía transmisiones en Facebook Live.

Cada vez que hacía una transmisión entraba a ver cuántas personas tenía y siempre tenía 1.000 personas. Y con 1.000 personas, haciendo 10 transmisiones al día en promedio (aún las sigue haciendo) pudo ser alcalde de una provincia.

¿Qué te parece?

Puede llegar a tener entre 1.000 y 2.000 personas (o más) sin hacer nada, aunque si avisas podría ser mucho mejor.

Entonces, avisa en tu perfil personal o en tu página de fans que harás una transmisión por Facebook Live.

Diles algo como:

"A las cinco de la tarde voy a hacer una transmisión en Facebook Live donde voy a compartir lo que estoy aprendiendo en el bootcamp "Marketing de Guerrilla". Atentos amigos, porque les voy a compartir las nuevas herramientas. Nos vemos a las cinco, chao, chao."

¿Viste qué fácil es?

Puedes subir un vídeo o simplemente un texto avisando de que a las cinco vas a realizar una transmisión y ya. Asegúrate de avisar el horario y también puedes decirles que si quieren recibir un recordatorio que te den su Whatsapp:

"Si quieres que te avise minutos antes de la transmisión, envíame un Whatsapp a mi número +5213055643."

¿Qué estás haciendo con esto?

Creando una lista de difusión con el pretexto de que les vas a avisar personalmente por Whatsapp.

Las personas que no saben de esto, van a pensar: *"se va a tomar la molestia de enviarme un Whatsapp antes de la transmisión"* y van a estar enormemente agradecidas.

Y esto, que te va a hacer aparecer ante ellos como alguien que piensa en hacerles la vida más fácil, no te va a costar prácticamente trabajo ya que vas a crear una lista de difusión y únicamente vas a enviar un mensaje que llegará a todos y les recordará que vas a hacer una transmisión por Facebook Live.

También puedes crear anticipación con campañas de marketing de gorila y llegar a tener mil personas interesadas.

¿Cómo funciona esto de Marketing de Gorila?

Subes una imagen que llame la atención y en el texto adicional del post escribes:

"Voy a hacer una transmisión a las cinco de la tarde, enseñando estrategias de marketing disruptivas. Déjame tu comentario si quieres estar ahí y envíame un mensaje por Whatsapp si quieres que te envíe un recordatorio. No te lo pierdas porque te voy a enseñar muchas cosas. Nos vemos a las cinco."

Puede ser que 1.000 personas vean eso y no todas asistan, pero sí que van a estar 500 personas en tu transmisión.

También puedes subir vídeos de indoctrinación.

¿Qué es esto de indoctrinación?

Es educación.

Se trata de que subas un par de vídeos diciendo qué es lo que vas a enseñar en tu transmisión.

¿Qué puedes contar en esos vídeos?

En el vídeo 1 vas a comenzar diciéndoles cuál es el tema de la transmisión de Facebook Live, por qué es importante para ellos y por qué ese Live que vas a hacer es diferente a cualquier otro.

En el vídeo 2 les puedes enseñar algo que disminuya su escepticismo, como por ejemplo, dar resultados por adelantado.

Es decir, les vas a dar un tip sobre cómo enfrentar sus miedos y después les vas a decir:

"A las cinco de la tarde vamos a ver mi sistema completo para enfrentar tus miedos."

Menciónales qué otras cosas les resolverás en la transmisión, es decir, primero les enseñas algo, les dices que en el Live vas a resolverles el problema completo y cómo tu vida cambió gracias a que solucionaste ese problema y cómo la vida de ellos va a cambiar cuando solucionen su problema en la transmisión de Facebook Live.

¿Qué estás haciendo con esto?

Estás vendiendo la transmisión de Facebook Live para asegurar que haya muchas personas.

Y esto, por supuesto que debes reforzarlo enviándoles Whatsapps de recordatorio cada día.

Es decir, si vas a hacer una transmisión de Facebook Live a la semana, estarías enviándoles un mensaje recordatorio cada día hasta el día de la transmisión y el día de la transmisión, uno 4 horas antes, otro 2 horas antes, otro más quince minutos antes y en el momento de la transmisión uno que diga: *"estamos iniciando el Facebook Live"* y les envías el link de tu perfil.

Vas a ver cómo, en el momento en el que les envíes el Whatsapp, entrarán las personas a tu perfil y te verán.

Durante

Programas la transmisión el jueves por la noche si vas a hacer una transmisión de venta una vez a la semana y vas a promover tu transmisión el lunes, martes, miércoles y el mismo jueves.

Vas a estar haciendo publicaciones todos los días, dos o tres veces por día.

Tanto el lunes como el martes, el miércoles y el jueves vas a subir los dos vídeos que grabaste.

¿Cómo?

Subes el vídeo uno el lunes por la mañana y el vídeo dos por la noche y haces lo mismo el martes, el miércoles y el jueves para ir creando anticipación de que vas a hacer esa transmisión de Facebook Live el jueves por la noche.

Si haces esto, no hay razón por la cual no se enteren mil personas o más, de que vas a hacer esa transmisión donde les vas a dar contenido de valor.

Después

¿Qué sucede después de que hiciste la transmisión?

Viernes, sábado y domingo promueves la repetición de la transmisión.

Cuando haces una transmisión queda grabada en tu perfil, entonces lo único que vas a hacer es promover que vean la grabación, que vean el vídeo en tu perfil.

¿Y sabes qué?

Como en tu transmisión, después de dar contenido de valor, les vas a vender, les vas a ofrecer algo y vas a usar la repetición de la transmisión que te haya quedado mejor conforme lo hagas, puedes utilizar ese vídeo para reutilizarlo y vender de manera automática.

OBS te permite poner lo que quieras en tu ordenador, entonces descargas el vídeo y vas a poder hacer Facebook Live sin necesidad de hacerlo. Es decir, inicias el Facebook Live, le das play al vídeo que ya descargaste y lo transmites, con lo cual, vas a poder hacer transmisiones de Facebook Live de manera automática.

Usa enlaces amigables para mostrar tu oferta.

Cuando te hablo de enlaces amigables no me refiero a los enlaces de afiliado de ClickBank que son muy feos y todo el mundo sabe que son enlaces de afiliado.

Otros utilizan bitly para enmascararlos y que no se muestre que es un enlace de afiliado.

Yo compraba un dominio y hacía que el dominio se fuera al enlace de venta.

Pero esto son cosas pasadas que no nos interesan, porque lo mejor que puedes hacer es que el llamado a la acción sea que te envíen un Whatsapp y así vas a hacer la venta por medio de Whatsapp.

Prueba todo esto que te acabo de explicar y verás cómo tus resultados empiezan a crecer de manera exponencial.

FAN PAGE GUERRILLERA

Antes alguien podía ser una celebridad saliendo en televisión, en radio o en las revistas. Ahora hay personas que son toda una celebridad únicamente con una página de fans en Facebook.

¿Quién no conoce a Diego Gómez? ¿Quién no conoce a Jurgen Klaric?

Ellos son una especie de Rock Star de los negocios gracias a una página de fans.

Diego Gómez tiene 400.000 fans y Jurgen Klaric tiene 600.000.

Esto, te aseguro que es más que suficiente para que puedan ir a un lugar, convocar a las personas y tener un auditorio de 500 o 1.000 personas.

¿Por qué una página de fans?

Porque con tu perfil personal no es posible

Ya que lo más que puedes tener son 5.000 amigos.

Cuando ya tienes tus 5.000 amigos no puedes agregar más amigos, mientras que en una página de fans puedes tener 5.000, 10.000, 100.000, 1.000.000, 10.000.000 de amigos. No hay límite.

Mi página de fans actualmente tiene 86.000 fans, pero en enero de 2016 y después de tres años de tenerla tenía 5.000 fans.

Porque son gratuitas e ilimitadas

Si ya tienes un perfil en Facebook, puedes abrir todas las páginas de fans que quieras, son gratis e ilimitadas y crecen viralmente.

Cuando subo una imagen en Facebook, mis fans la comparten y le llega a muchas personas, me puede dar 500 fans, 1.000 fans, 10.000 fans en un solo día si es una imagen que se hizo viral.

¿Cómo lograr Fans?

Puedes conseguir fans gratis o pagados. Las estrategias que te voy a dar, me permitieron lograr más de 300.000 mil fans en 2016, sin invertir un solo peso.

¿Por qué es importante tener muchos fans?

Porque se convierten en una comunidad de personas que son fans incondicionales de tu fan page y que comienzan a identificarse contigo y compran todos tus productos o servicios.

"Los visionarios" es una página de fans mía que a principios del año 2.016 no existía y hoy en día ya superó a los 70.000.

Otra página de fans mía es "Tips millonarios" y ya tiene más de 120.000 fans, aunque esta página tampoco existía en 2.015, la hice en febrero de 2.016 con lo cual, puedo decir que logré más de 120.000 fans en diez meses con la estrategia que te voy a dar a continuación.

¿En qué consiste la estrategia?

En convertir personas que ya están en Facebook en tus fans para después convertir esos fans en suscriptores o directamente en clientes.

Se dice que si Facebook fuera un país, sería el país más grande el mundo.

Las personas están en Facebook y más importante que eso es que Facebook tiene la atención de las personas. Estamos en el trabajo o haciendo lo que sea, pero tenemos Facebook abierto y a cada rato vamos a ver qué está pasando, por qué hay tres notificaciones nuevas.

Nuestro móvil vibra, nos enteramos de que alguien está haciendo una trasmisión por Facebook Live y entramos a ver qué locuras va a decir o quién nos etiquetó en no sé qué lado, o a ver que está poniendo Helio Laguna.

Piensa, ¿actuamos así o no?

Claro que sí, entramos veinte, treinta, cuarenta veces al día.

Por eso digo que Facebook, no solo tiene a las personas, sino que tiene la atención de las personas. Entonces la estrategia es convertir en fans y después en clientes a esas personas que ya están ahí.

¿Y cómo vas a lograr esto?

Haciendo publicaciones con regularidad.

Pero no publicaciones cualquiera, haciendo publicaciones que gusten y den valor, para que las personas le den "me gusta" y se conviertan en fans.

Sé que te estarás preguntando cuántas publicaciones hacer y qué deben tener esas publicaciones. No te preocupes, en un momento lo vas a ver.

La estrategia es hacer publicaciones con regularidad, publicaciones que den valor.

No sé si te has dado cuenta, imagino que sí, de que lo que más he repetido en este libro es que debes dar valor. Dar valor en tus Whatsapps, dar valor en tus trasmisiones de Facebook Live, dar valor en estas publicaciones para que las personas se conviertan en fans...

Una vez has logrado por medio de tus publicaciones que las personas se hagan fans tuyas o de tu fan page, hay un paso que es opcional, llevar a tus fans a una lista de correo o a una lista de difusión de Whatsapp para seguir dándoles valor todas las veces que quieras, a voluntad.

Aunque, como te he dicho, este paso es opcional ya que si no los llevas a tu lista de suscriptores o a tu lista de difusión, aun así les puedes vender.

¿Y cómo hacerles ofertas de tus productos o servicios para que te compren sin necesidad de que sean tus suscriptores?

En una página de fans.

3 errores que no debes cometer

Error 1.

Pero hay un error muy común que no quiero que cometas, hacer crecer tu número de fans, sin pasarlos a tu lista.

Sí, ya sé que te he dicho que es opcional, pero te recomiendo que lo hagas, que comiences a crear una lista de correos en un autorespondedor o una lista de personas en tu Whatsapp, para enviarles mensajes a la hora que quieras y que te respondan.

Imagina que pasas 2.500 personas a tu lista de Whatsapp y les das información de valor continuamente, el día que les ofrezcas algo ten por seguro que como mínimo entre 25 a 50 personas te comprarán lo que estés promoviendo.

Por eso, aunque es opcional, es un gran error lograr fans y no hacer crecer una lista de suscriptores o de difusión de Whatsapp porque si algún día tuvieras el accidente de que te cierren la página de fans, ya tienes suscriptores y sobre esos suscriptores o personas que tienes en tu lista de Whatsapp solamente tú tienes el control.

Nadie te va a cerrar Whatsapp, nadie te va a cerrar un autorespondedor si no lo dejas de pagar.

Entonces, te estás asegurando el activo, el activo son las personas, la atención de las personas.

Error 2.

Un gran error es no agregar valor y solo vender, solo estar subiendo imágenes del tipo "vendo chinchillas, compren mi chinchilla, chinchilla, chinchilla y chinchilla", pero no estás dando nada de valor.

Si solamente eres una repetidora de venta pero no estás agregando valor, estarás cometiendo un grave error y las personas no te comprarán porque no confían en ti ya que solamente les estás vendiendo y al contrario de lo que deseas, dejarán de ser tus fans y te pedirán que ya no les envíes más Whatsapps o correos.

Error 3.

También debes interactuar con tus fans tantas veces como puedas, ya que si dejan un comentario en tu página de fans porque te admiran y no contestas o no das "me gusta", se sentirán como si no existieran para ti y eso no gusta a las personas que, no te olvides, son tus fans.

Entonces, si haces una publicación y comentan porque les estás pidiendo que lo hagan para que tu publicación se haga viral, ellos comentan y tú no les respondes absolutamente nada, se van a hartar y se van a ir a otro lado donde les hagan caso o interactúen con ellos.

Estos son los tres grandes errores que bajo ningún concepto debes cometer.

Fórmula para crear una Página de Fans Guerrillera

La formula es hacer publicaciones diarias, hacer publicaciones todos los días.

Esa es la fórmula, esa es la estrategia, ni más ni menos.

¿Cuántas publicaciones?

¿Qué tienen que decir esas publicaciones?

¿A qué hora tienes que hacer las publicaciones?

Si quieres que tu página de fans realmente crezca, al menos tienes que hacer cuatro publicaciones diarias.

Si no tienes la constancia suficiente y por lo tanto no haces esas cuatro publicaciones, en un mes o dos meses me vas a estar reclamando que no te sirvió este capítulo de Fan Page Guerrillera y que sigues teniendo 30 fans y no sabes qué está pasando.

Si es así, y ya te digo que alguna vez me ha pasado, te voy a preguntar: *"¿Estás haciendo al menos cuatro publicaciones por día?"* Y seguro que me vas a decir: *"No, hago cuatro cuando me acuerdo y la otra vez hice cuatro y cada semana hago cuatro..."*

¡No!

Son cuatro publicaciones al día para que tu página de fans empiece a crecer.

Aunque si lo que quieres obtener es el tipo de resultados (30.000 fans, 80.000 fans, 100.000 fans) que obtuve yo, lo ideal es que hagas ocho publicaciones al día. Sé que parece mucho y es la razón por la cual las personas no utilizan esta estrategia.

Yo conozco esta estrategia desde hace cinco años y no la utilizaba con la frecuencia que lo hice en 2.016 porque se me nublaba la vista.

Si un día usaba cuatro imágenes las subía, pero al día siguiente me daba flojera y ya no lo hacía y por ser así de irregular no crecían mis páginas de fans y logré 5.000 fans en tres años.

Los primeros dos años no lo hice no creía en esto, así que si no crees en esto que te estoy diciendo, el primer paso que debes dar es creerlo.

El segundo paso es hacerlo, tener la disciplina de hacerlo. No te preocupes porque en un momento te voy a dar estrategias para que lo puedas hacer sin necesidad de que seas diseñador/a y de manera automática.

Recuerda, lo ideal para hacer crecer tu página de fans como hice yo en un año, es que hagas ocho publicaciones al día, pero en realidad, si quieres hacer crecer descomunalmente tu página de fans, haz todas las publicaciones que puedas.

Jurgen Klaric, en su libro *"Véndele a la mente, no a la gente"* dice que todos los días hace veinticinco publicaciones en su página de fans.

Juan Diego Gómez, también hace más de veinte publicaciones al día en su página de fans.

Ingrid Macher tiene una página que se llama "Adelgaza 20" en la que hace treinta y cinco publicaciones al día.

¿Sabes cuántos fans tiene?

¡10.000.000 de fans!

Por eso, cuando ella hace un transmisión de Facebook Live hay 10.000 personas viéndola.

Imagínate eso.

Cuando ella se pone a hacer ejercicio lo transmite o aunque no haga ejercicio. Como ella vende programas para bajar de peso, si hay 10.000 personas viéndola y les recomienda una dieta que ella vende o un libro, ¿cuántas ventas crees que hará en ese momento? ¿1.000, 1.500?

Ella ya es millonaria gracias a las redes sociales, pero hace treinta y cinco publicaciones al día.

Así que dime, ¿lo vas a hacer?

Sí, ¿verdad?

Sí, sé que ahora estás pensando: *"Pero Helio, ¿cómo voy a hacer treinta y cinco publicaciones al día? ¡Cada hora lo tengo que hacer y no voy a poder dormir y voy a tener que poner la alarma a las dos, a las tres o a las cuatro de la mañana para subir una imagen!"*

No te preocupes, las puedes programar.

¿Y qué es lo que vas a hacer?

De entrada utiliza tu horario normal, el horario en el que estás despierto/a. Si estás despierto/a de ocho de la mañana a ocho de la noche, seguramente tus fans también.

Si no fuera así, si tuvieras fans en otro horario, no te interesan. Te interesan personas como tú, que te puedan comprar, que hablen español y todo eso.

Entonces, tu horario normal de vida va a ser el horario en el que vas a hacer tus publicaciones. Si tienes doce horas y decides hacer al menos cuatro publicaciones al día, divide doce entre cuatro.

¿Cada cuánto vas a publicar?

Exacto, cada tres horas.

Y para ello, no tienes que poner una alarma cada tres horas, las vas a programar cada tres horas.

Otra estrategia que puedes hacer es programar o promover la publicación de mayor alcance. El mismo Facebook te lo sugiere y te lo pide.

Facebook quiere tu dinero y siempre te va a estar diciendo: *"Tu publicación tal, ha tenido un mayor alcance que todas las anteriores, ¿deseas promoverla?"*

Tú le puedes poner: *"Sí, la promuevo por 3 dólares, por 10 dólares, por 20 dólares, por lo que tú quieras..."*

Esto va aumentar aún más el alcance de esa publicación y vas a tener más fans, así es como podrías comprar fans.

¿Dónde encontrar imágenes para publicar?

Una estrategia es tomarte fotografías a ti mismo/a en un buen lugar, añadirles texto con alguna de las múltiples aplicaciones gratuitas que existen hoy en día tanto para móvil como para ordenador y subirlas.

Otra estrategia es "robar" las imágenes de otros.

Tienes mi permiso para "robar" todas las imágenes mías que quieras o de Juan Diego Gómez, Jurgen Klaric... De la persona que quieras.

Puedes hacerlo con total tranquilidad porque ellos van a estar encantados de que "robes" sus imágenes.

¿Por qué?

Porque ellos o yo o cualquier persona que esté haciendo esto de manera profesional, van a poner su logotipo.

Lázaro Bernstein sube las imágenes y pone su logotipo de "Academia del Pensamiento", Jurgen Klaric sube sus imágenes y les pone ahí su firma "JK", Juan Diego Gómez pone ahí sus redes sociales, les pone "Invertir mejor" en Facebook, Instagram, YouTube...

¿Y por qué lo hacen?

Para que cuando compartas esas imágenes suyas y las personas se inspiren por la imagen, verán ahí "Invertir mejor" o "JK" y les estarás dando prospectos a Juan Diego Gómez o a Jurgen Klaric y así es como hacen crecer más sus comunidades, sus páginas de fans.

Por eso te digo que van a estar encantados de que "robes" sus imágenes.

¿A quién más le puedes "robar" imágenes?

A Google.

Google es un buscador y por lo tanto, también busca imágenes.

Si vas a "imágenes" y pones "frases de Robert Kiyosaki" obtendrás imágenes suficientes como para cubrir seis meses de contenido para tu página de fans.

Y así con la persona que quieras. Haz la prueba y verás.

Simplemente selecciona la frase del autor que quieras, eliges la que te gusta, le pones "ver imagen" y después "guardar imagen como" y la guardas.

Luego vas a tu página de fans y programas las cuatro imágenes del día, si es lo que al menos estás haciendo, o las ocho imágenes si quieres terminar 2.017 con 100.000 fans o veinticuatro imágenes si quieres llegar a 200.000, 300.000 fans.

Entonces, una vez en tu página de fans, le pones "subir foto o vídeo", subes la foto que acabas de guardar y en lugar de ponerle "publicar" le vas a poner "programar" y le dices el día y la hora en que quieres que aparezca publicada y listo, ya quedó programada.

En dos minutos encontraste dos imágenes y las programaste. Bueno, vamos a suponer que te llevó cuatro minutos.

Si en cuatro minutos encontraste dos imágenes, las "robaste" y las programaste, si haces la estrategia de cuatro imágenes al día, ¿cuánto tiempo te va a llevar?

8 minutos.

Y si haces la estrategia de dieciséis imágenes por día, ¿cuánto tiempo te va a llevar?

Media hora.

Dime, ¿lo puedes hacer o no?

¿Cómo hacer el post perfecto?

Paso 1.

Sube la imagen con el pensamiento o frase.

Ya sabes que puedes "robar" en Google una imagen de lo que quieras, que ya tenga el texto.

Sabes también que si no lo tiene, puedes ponerle el texto con distintas herramientas gratuitas.

Resumiendo, el primer paso es subir esa imagen con la frase.

Paso 2.

Crear el contenido escrito para complementar la imagen.

Vamos a suponer que estoy en mi página de "Tips Millonarios" y encuentro una frase de Robert Kiyosaki que dice:

"Transforma el ingreso ganado en ingreso pasivo"

En la imagen está la foto de él y la frase que dice eso, pero yo quiero vender con esa imagen, ¿cómo lo haría?

Voy a ponerle contexto a esa imagen. La voy a complementar.

Y para ello, puedo decir algo como:

"Lo que tienes que hacer si quieres generar ingresos pasivos, es transformar el ingreso de tu empleo en ingreso pasivo.

Y para ello, lo primero que has de hacer es tener un ingreso de flujo positivo, es decir, ahorrar parte de lo que ganas e invertir ese dinero en negocios.

Así es como puedes transformar el ingreso ganado en ingreso pasivo."

La imagen decía muy poco, pero con este texto estoy creando más contenido para acercarme a lo que quiero vender con una imagen que ni siquiera es mía, con una idea que ni siquiera es mía.

Paso 3.

Viralización.

Pide a las personas que comenten y compartan la imagen:

"Si estás de acuerdo déjame tu comentario."

O bien:

"Si concuerdas con esto, déjame tu comentario debajo para que más personas aprendan esta estrategia para generar ingresos pasivos."

¿Te fijas cómo estoy viralizando con una imagen que me encontré por ahí?

Si hago que las personas comenten esa publicación, ese post, va a aparecer como una página de captura en el Facebook de todos.

Si hago que muchas personas comenten una publicación en mi página de fans, cuando una persona que es mi amiga entre a Facebook, lo primero que le va a aparecer es mi publicación, la va a comentar y a sus amigas también les va aparecer la publicación, porque es una publicación que está teniendo muchos comentarios, que la están compartiendo muchas personas y Facebook premia la legalidad.

Paso 4.

Un llamado a la acción.

Al final del texto, los envío a una página de captura donde pueda recabar sus correos o a mi Whatsapp, donde puedo agregarlos a una lista de difusión. Por ejemplo sería algo así:

"Si te interesa un reporte que te dice cómo encontrar estrategias para generar ingresos masivos, envíame un Whatsapp al +521 311 105 5643 y te haré llegar este reporte de inmediato."

¿Te das cuenta de todo lo que he hecho en un post en el que usé una imagen que no es mía?

La imagen de Kiyosaki decía, *"transforma un ingreso ganado en ingreso pasivo"* y yo comencé a vender:

"Muchas personas no lo saben, pero la fórmula para alcanzar la libertad financiera es convertir el ingreso ganado en ingreso pasivo, lo más rápido y eficientemente que te sea posible.

Para eso tienes que controlar tus gastos, tienes que hacer que te sobre dinero cada mes y ese dinero, invertirlo en fuentes de ingresos que te generen ingresos pasivos.

Si te gustó esta información, déjame tu comentario, coméntame qué ingresos pasivos conoces y comparte esta información para que más personas aprendan a generar ingresos pasivos.

Y si quieres un reporte especial que contiene diez estrategias de ingresos masivos sin inversión, te lo voy a enviar a tu Whatsapp hoy mismo.

Para ello, envíame un Whatsapp al +521 311 105 5643 con tu nombre completo y la frase, *"quiero los diez ingresos pasivos sin inversión."*

¿Crees que voy a recibir muchos Whatsapps?

Por supuesto que sí.

Cada vez que hago una publicación de este tipo, recibo entre 50 y 100 teléfonos de Whatsapp, los agrego a una lista de difusión y les envío el reporte. Pero después les sigo enviando valor y les vendo mis entrenamientos.

Así que ya sabes cómo crear el post perfecto y cómo comenzar a crear tus listas.

Hay algo más...

Siempre debes intentar que dejen un comentario y que interactúen, diciéndoles algo como:

"Si te gustó esto, déjame tu comentario."

¿Por qué?

Porque Facebook tiene la opción de que, aunque no les guste algo, te lo pongan y tú quieres que te pongan lo que sea, que te comenten lo que sea.

Si eres disruptivo y lo que haces no les gusta a muchas personas, te van a poner *"eso no me gusta", "qué mal que hagas eso"* o *"no seas ridículo",* entre otras cosas.

No te preocupes porque todo, hasta eso, sirve.

Te interesa que te pongan cualquier cosa, ya sea que estén de acuerdo o no, porque eso va a servir para hacer tu publicación viral.

En resumen, esta es la estrategia de cómo hacer crecer tu página de fans para ganar dinero con ella.

Haces publicaciones todos los días, estas publicaciones se hacen virales, las personas por lo general le dan "me gusta" a la publicación y muchos no nos damos cuenta de que somos fans de una página, porque no nos dimos cuenta que una imagen nos gustó y después le dimos "me gusta".

Yo tengo 12.000 seguidores que no me pudieron agregar como amigo, pero que ven todas mis publicaciones.

Cada vez que comparto algo con estas 12.000 personas, aunque todas no lo van a ver, quizá 120 personas sí lo hagan y de esas 120 personas, puede que 40 le den "me gusta" a la imagen y le den "me gusta" a la página y de esas 40 personas que le dan "me gusta" a la imagen y a la página y la comparten,

¿cuántos fans crees que terminaría creando con esta imagen? Muchos, ¿no?

Por lo tanto, va a seguir creciendo mi comunidad de fans y a esos fans les podré vender lo que quiera, ya sea enviándolos a mi lista de suscriptores o a mi lista de difusión de Whatsapp o incluso haciendo trasmisiones de Facebook Live en las que si tengo, por ejemplo 100.000 fans, pueden estar viéndome 1.000 personas.

Dos estrategias más...

Utiliza los mensajes privados

En el llamado de acción de los posts, puedes pedirles que te envíen mensajes y una vez lo hagan, tener respuestas guardadas. Las páginas de fans te permiten guardar tus respuestas, no se contestan de manera automática, se llama "autorespuesta", esto no significa que responda la página de fans por ti, pero si puedes guardar los mensajes y por medio de estos mensajes guardados irlos llevando a tu oferta.

Por ejemplo, vamos a suponer que subí la imagen de Robert Kiyosaki: *"Transforme ingreso ganado en ingreso pasivo"* y le pongo el contexto:

"Lo que tienes que hacer es generar múltiples fuentes de ingreso para comenzar a generar ingresos pasivos.

En nuestros talleres del movimiento AMI "Múltiples Fuentes de Ingreso", enseñamos a las personas a generar cinco fuentes de ingreso para que puedan crear ingresos pasivos.

Déjame tu comentario si estás interesado y envíame un mensaje privado por Facebook."

Entonces las personas me dejan su comentario, se hace viral mi publicación, me envían un mensaje privado con la leyenda, por ejemplo: "Quiero ingresos pasivos" y esto es lo que yo les contesto a las personas:

"Hola, (nombre de la persona porque Facebook tiene etiquetas que te permiten poner el nombre de la persona, el apellido de la persona, etc.) *disculpa por la demora en responder, me llegaron alrededor de 100 mensajes de un solo golpe."*

Y puede ser verdad, porque a veces se ve una publicación mía con 2.000 o 3.000 comentarios. Y continúo:

"Para empezar, quiero que veas el siguiente vídeo donde te explico de qué trata el taller presencial que se estará realizando en la ciudad de México, los días 16 y 17 de abril." (Obviamente hay otros mensajes donde ya hablo de un taller más nuevo) y les doy el link de un vídeo que grabé, diciendo qué va a aprender.

"Si después de ver este vídeo piensas que es algo para ti y que te gustaría aprender cómo alcanzar tu libertad financiera, quiero que me respondas estas tres preguntas:

¿Para lograr tus metas tienes la firme intención de proveer valor real a otras personas?

¿Tienes alta integridad, realmente te gusta ayudar?

¿Estás listo para recibir entrenamiento que te enseñe cómo generar rápidamente múltiples fuentes de ingreso?

Para continuar es importante que me respondas las tres preguntas."

¿Qué estoy haciendo?

Estoy dejando que la persona se venda conmigo, no les estoy vendiendo, yo le di valor, atraje persona, ahora ellos tienen que pasar por todas las trabas que yo les voy a poner para que me compren.

Vamos a ver el mensaje dos.

El mensaje dos se lo envío solo a las personas que me respondieron esas preguntas. Y no tengo miedo de perder el prospecto porque tengo cientos de personas interesadas:

"Hola (nombre de la persona).

Te felicito por tu interés en aprender a generar múltiples fuentes de ingreso, tengo a cientos de personas pidiéndome información sobre este tema, es por ello que decidí crear un grupo de Whatsapp exclusivamente contigo."

Entonces les digo ahí que me agreguen y me los llevo por Whatsapp:

"Envíame tu nombre completo y la palabra clave, múltiples fuentes de ingresos" y ya por Whatsapp continúo haciendo la venta.

Incluso a veces ni siquiera la hago yo, la hace Guito Mora, uno de mis administradores en mi página de fans.

Entonces esa es una estrategia, que te envíen un mensaje privado y de ahí te los llevas a Whatsapp o que nunca te los lleves a Whatsapp y que toda la conversación sea aquí.

Busca administradores para tu página de fans

Yo tengo administradores en mis páginas de fans.

Al principio era yo quien hacía las cuatro publicaciones en cada página, 8 minutos por página, pero una vez que crecieron las páginas contacté a personas que también tienen una página de fans, pero con menos fans, como por ejemplo a Diego Mora y le dije:

"Diego, tú tienes 5.000 fans, yo tengo 80.000 fans, ¿te gustaría subir imágenes a mi página de fans?

Vas a poder subir tus imágenes, con tu marca personal, incluso vas a poner tu link a tu página personal, para que de mis 80.000 fans crezca tu página de fans."

¿Qué crees que me dijo?

Es así como tengo más de 10 administradores en mi página de fans de "Helio Laguna" a los cuales les digo que suban imágenes y pueden llevarse fans a su página de fans.

¿Qué estamos haciendo con esto?

Estamos ganando los dos.

Ellos están haciendo crecer su página de fans y a la vez están haciendo que crezca la mía.

MIS ESTRATEGIAS

Te voy a mostrar las ocho máquinas, las ocho estrategias de Marketing que utilizo todos los días. Las llamo "Las Máquinas Disruptivas" aunque todas estas estrategias que te acabo de dar lo son.

Whatsapp es una maquinaria de ventas disruptiva, Facebook Live es una maquinaria de ventas disruptiva, la página de fans también lo es al igual que las publicaciones en las páginas de fans son una maquinaria de ventas disruptiva.

Hacer Vídeos Diarios

Esta es la primera de las máquinas.

En mi canal de YouTube tengo más de mil vídeos porque desde hace tres años estoy haciendo un vídeo por día.

El primer vídeo me costó cuatro horas hacerlo, ahora el tiempo que tardo en hacer un vídeo es el tiempo que dura el vídeo más tres segundos que tardo mientras abro la aplicación y le doy al botón rojo de grabar, grabo el vídeo, le pongo parar y ya.

Si el vídeo es de cinco minutos, tardo cinco minutos con tres segundos hacer un vídeo, si el vídeo es de diez minutos el tiempo que tardo son diez minutos con tres segundos.

Tengo más vídeos que los Youtubers famosos, no más reproducciones, pero si más vídeos.

¿Qué digo en cada vídeo?

Esta la radiografía de un vídeo:

Paso 1. El discurso de elevador

Saludo a todos y les digo quién soy.

Mi discurso de elevador es:

"¡Hola! Hola, ¿qué tal? Te saluda Helio Laguna, creador del movimiento AMI, el movimiento más grande de resultados de todos los tiempos y te quiero dar la bienvenida a un capítulo más de esta serie, Manejando con Heliosaki."

¿Saludé?

¿Dije quién era?

¿Fue el discurso de elevador?

¿Dije, *"Hola, soy Helio Laguna y nunca he hecho nada en mi vida"* o dije algo bueno de mí *"Helio Laguna, creador del movimiento AMI, el movimiento más grande de resultados de todos los tiempos"*?

Paso 2. Promesa

¿Qué se van a llevar como resultado del vídeo?:

"En este vídeo te voy a decir cómo crear vídeos efectivos.

Y la forma de crear vídeos efectivos es con estos cuatro pasos:

El primer paso es crear tu discurso de elevador, decir quién eres, decir porqué eres un experto, por qué deben de prestar atención a ti.

El segundo paso es decirles a las personas qué van a aprender si ven todo tu vídeo hasta el final, si les dices qué van aprender, se van a quedar a ver tú vídeo.

El tercer paso es darles contenido de valor para que las personas confíen en ti, para que las personas te reconozcan como un experto en negocios, que tú les digas es una cosa y otra cosa es que les demuestres que eres un experto, dándoles contenido valuable."

Paso 3. Llamado a la acción

Y por último tienes que hacer un llamado a la acción, tienes que hacer que las personas compartan tu vídeo, que es lo que yo hago. Cuando termino un vídeo les digo, si te gustó este vídeo compártelo con otras personas, para que otras personas se puedan beneficiar de esta información, suscríbete a mi canal de YouTube, para que YouTube te notifique cada vez que yo subo un vídeo y no te pierdas esta información valiosa.

Y si quieres ser parte de mi entrenamiento, busca Marketing de Guerrilla, donde te enseño esta estrategia de cómo crear vídeos que vendan y otras estrategias más o envíame un WhatsApp al +521 311 105 5643 y te voy a decir cuáles son las estrategias que utilizo, te voy a enviar un pequeño reporte donde las describo y vas a poder acceder a esta información.

Es todo en este vídeo, tu amigo Helio Laguna, chao, chao."

¿Se entendió? ¿Lo puedes hacer? ¿Lo vas a hacer?

Espero que sí.

Enviar Boletines Electrónicos

Esta es la siguiente máquina.

En mayo de 2.017 voy a cumplir cuatro años enviando correos electrónicos a diario.

Comencé a enviar correos electrónicos en mayo de 2.013 y encontré esta fórmula, envío un correo electrónico todos los días de lunes a viernes, lo que equivale a unos 260 correos al año, menos en 2.013 que envié 184 porque comencé en mayo.

Bueno, ¿cómo tener una lista de suscriptores?

Y te dije antes que podías llevar a tus fans de Facebook a tus listas de suscriptores.

Además, cada vez que haces un vídeo en YouTube les puedes decir:

"Suscríbete a mi canal de YouTube, para que YouTube te notifique y además déjame tu correo para poder estarte avisando todas las semanas de todos los vídeos que hice durante la semana."

Esta es la radiografía de un Emailsaki:

Primera Parte. Vende tu correo

No vendas tu producto, vende tu correo para que lo lean. Diles qué se van a llevar como resultado de leer el correo hasta el final.

"Al final de este correo vas a conocer mi fórmula correcta para enviar Emailsakis.

Los Emailsakis son correos que dan valor y venden todos los días, sigue leyendo hasta el final para conocer esta fórmula."

¿Vendí el correo?

Segunda Parte. Entrega el contenido.

Dales la historia, la analogía, el tip o la información que les tengas preparada.

Puede que pienses que una historia y una analogía son lo mismo, pero no.

Veamos la diferencia:

¿Qué es una historia?

Puedo contar la historia de cómo compré una lista de suscriptores y no sabía que enviar.

Compré una lista de 65.000 suscriptores a un amigo que tenía un autorespondedor que pagaba 300 dólares al mes y ya no tenía dinero para pagar su autorespondedor y lo iba a cerrar.

Me comentó que iba a cerrar su autorespondedor y yo le dije: *"espera, vamos a hacernos socios, no lo cierres, yo pago los 300 dólares al mes porque estoy aprendiendo Email Marketing y voy a enviar los correos y vamos a medias."*

Me dijo que sí, comencé a pagar los 300 dólares al mes y tenía ya 65.000 suscriptores de la nada.

Comencé a buscar cuánto costaban los viejas a Hawai, cuánto costaba ir a Europa, porque ya iba a ser millonario, ¡tenía 65.000 suscriptores!

Todos los días entraba al autorespondedor para escribir un correo y no escribía absolutamente nada, no sabía qué escribirle a las personas.

A pesar de que había estudiado tantos cursos, nadie me había dado una fórmula como esta que tuve que descubrir por mí mismo. Entonces comencé a llenar la tarjeta de crédito y no les escribía.

Se me llenó la tarjeta de crédito, saqué otra y cuando esta se llenó, como no sabía de dónde sacar otra tarjeta de crédito, por fin tuve el valor de escribir un correo.

Hice tres ventas y mi vida cambió.

Me di cuenta de que si enviaba algo tan lógico, que si enviaba correos electrónicos ganaba dinero y cuando no enviaba, que fueron todos los seis u ocho meses que no pude enviar un correo electrónico, no ganada dinero.

Entonces comencé a enviar correos electrónicos y después comencé a enviar correos electrónicos todos los días.

¿Te he contado una historia?

Pues lo mismo puedes hacer en tus correos.

Ahora te voy a contar una analogía para que ustedes entiendas la diferencia. La llamo la analogía del conferencista.

Piensa en la lista de suscriptores que tengas, no importa si son 300, no importa si son 5.000, no importa si 50.000, no importa...

Piensa que todos tus suscriptores son personas reales, que lo son, no son correos inanimados como muchos "marqueteros" piensan, son personas reales.

Piensa que estas personas están en un salón de eventos. Si tienes 300 suscriptores, vas a ir a un salón donde están tus 300 suscriptores esperándote y llegas con media hora de retraso.

Finalmente llegas y te sitúas frente a todos, ¿qué les va a decir?

"Hola, hola, ¿qué tal?

Compra mi entrenamiento Marketing de Guerrilla, si no lo compras vas a ser infeliz, se van a cerrar tus puertas, te vas a perder los bonos y tu familia lo va a lamentar mucho"

¿Les vas a decir algo así? Porque esto es lo que hacen todos los "marqueteros" que no conocen esta analogía del conferencista.

Por el contrario, si piensas en esta analogía del conferencista antes de enviar un correo, vas a llegar frente a todas las personas, tus 300 suscriptores, ¿y qué les vas a decir? ¿Compra? ¿O les vas a dar información que los inspire?

Información que les inspire, ¿verdad?

Les vas inspirar, les vas a dar información de valor y al final les vas a vender, de otra forma no vas a ganar.

Cuando yo comencé, cuando tenía estos 65.000 suscriptores fui a un evento presencial, que cambió mi vida.

La persona que lo daba en el día dos, era un evento de dos días, al final del taller nos ofreció un Coaching de 15.000 dólares que obviamente compré y que no me sirvió porque eran estrategias de Estados Unidos, pero lo compré y lo compraron muchas personas, de los cuarenta y cinco asistentes lo compramos como veinticinco, pero al final nos ofreció algo y no vi que nadie se pusiera a llorar, no vi que nadie saliera corriendo de ahí.

No vi que nadie agarrase tomates y se los tirara, todos estábamos ahí felices oyendo su oferta y muchos nos matriculamos a su oferta.

Ahí me di cuenta de que se puede vender una vez que has cambiado la vida de las personas, una vez que has dado valor masivo, que te has ganado el derecho a vender.

Tercera Parte. Conecta el contenido con la venta

Una vez les acabo de contar una historia como la que te he contado o una analogía como la del conferencista, les doy un tip o les comparto una información relevante sobre el mismo tema, les digo:

"Si quieres aprender a escribir correos electrónicos que vendan y den valor, te recomiendo mi entrenamiento Email Marketing Intensivo.

Ve aquí a aprender a enviar correos electrónicos que den valor y vendan como el oro."

¿Conecté la metáfora con un producto?

Es un producto real, se llama Email Marketing intensivo.

Entonces conecté el contenido con la venta, el tip lo hubiera conectado con la venta, la historia la hubiera conectado con la venta.

En Email Marketing intensivo, te doy los cuatro pasos para escribir un mensaje y que sepas qué escribirle a tus suscriptores y ahora sí, empieces a comprar tu viaje a Hawai, porque vas a aprender monetizar a tus suscriptores.

Cuarta Parte. Deja algo abierto

Ya les diste correo de hoy, les dijiste que lo consumieran, ya les diste información de valor, ya te ganaste el derecho de venderles algo, conectaste el contenido con la venta, tienes que hacer que también lean tu correo de mañana y para ello, debes dejar algo abierto para que abran el Email de mañana:

"En el correo de mañana te voy a revelar mi estrategia secreta para hacer que tus correos vendan de manera automatizada, yo le llamo Secuencias perfectas de Email Marketing y te voy a dar mi estrategia para crear secuencias automatizadas.

Espera mi correo el día de mañana.

Tu amigo,

Helio Laguna, chao, chao."

¿Vendí el Email de mañana?

También, ¿no?

Entonces, tienes que vender tu Email del día y tienes que vender tu Email del día siguiente.

Whatsapp

Mi fórmula para enviar Whatsappsakis es la misma que la del Email Marketing, pero con un paso más, el primer paso que es crear anticipación.

Primero les envío un mensaje donde les pregunto si ya están listos para recibir mi mensaje.

Eso no lo puedes hacer en Email Marketing porque si envías un correo diciéndoles: *"¿Listos para recibir mi primer correo?"* Ya echaste todo a perder.

Entonces les mando primero un mensaje de Whatsapp, que dice:

"¿Listos para el Whatsappsaki de hoy?"

Y mi teléfono explota, no que explota realmente, sino que explota en respuestas todos me contestan, como 300 personas me contestan que sí y a continuación envío mi mensaje con exactamente los mismos pasos que un correo:

"Al final de este Whatsappsaki vas a aprender mi estrategia secreta para enviar Whatsapps que venden todos los días.

La estrategia consiste en... tal, tal, tal.

Y puedes aprender más en mi libro Whatsapp Marketing.

En mi Whatsapp de mañana te voy a revelar lo que le enseñé a las personas en el bootcamp Marketing de guerrilla.

Espera un Whatsapp mío el día de mañana.

Tu amigo Helio Laguna, chao, chao."

Así de simple.

No hay excusa para que no lo pongas en práctica.

Webinars todos los días

Llevo tres años haciendo Webinars diarios.

Antes los hacía por el día, pero después de que salió Facebook Live los hago por la noche.

Da igual de lo que sea, para Coachings que tengo o simplemente Webinars gratis. Hago Webinars sobre lo que sea: un Webinar explicando cómo usar Periscope, un Webinar informativo, un Webinar de otra cosa...

Lo que importa es dar contenido de valor.

Hago una publicación en Facebook y les digo:

"En 30 voy a hacer un Webinar, regístrense aquí" y se registran cien personas, les doy contenido de valor y al final, ¿qué hago?

¿Qué te imaginas que hago?

Vendo.

Y les vendo porque me gano el derecho a venderles, yo le llamo "les vuelo la tapa de los sesos".

Con la información de los Webinars les vuelo la cabeza y al final les vendo, me gano el derecho a venderles.

Radiografía de un Webinar exitoso:

Paso 1. La Confirmación

Les digo quien soy:

"Mi nombre es Helio Laguna, creador del movimiento AMI y les voy a enseñar algo extraordinario, les voy a enseñar a hacer Webinars vendedores.

¿Por qué es importante para ti?

Si quieres vender por Internet tus productos o los de otros más, esto es importante para ti, si quieres aprender a generar dinero sin dinero, esto es importante para ti, porque en Webinars puedes vender cosas que no son tuyas siquiera y es gratis, lo puedes hacer todos los días."

Paso 2. Las reglas de la casa

Es decirles para quien no es este Webinario y que se salgan estas personas que nada más van a dar lata. Les digo:

"Esto no es para personas que quieren todo gratis, esto no es para personas que quieren la solución mágica, esto no es para personas que nada más entran a los Webinars a decir que todo eso es falso, que nada más entran a molestar, esto es para personas que quieren tomar acción, para personas así, y asá."

Y también les hago una confesión, les digo que soy diferente a todas las personas porque me gusta tomar acción masiva imperfecta, que es como mi mantra, mi forma de ser, tomar acción masiva imperfecta y por eso todo me funciona a mí, porque tomo acción con la información.

Paso 3. Contar mi historia

Desde el conflicto inicial, pasando por el punto más bajo y el punto más crítico, hasta cómo cambié la situación.

Paso 4. Entregar el contenido

Les entrego la información de valor, el tip o lo que sea que tengo preparado y una vez les he volado la cabeza, entro al último paso.

Paso 5. Llamado a la acción

Una vez los tengo en estado de shock por la información que les acabo de "regalar" llega la hora de llevarlos hacia mi oferta siguiendo estos tres pasos: esto es lo que tengo para ti, esto es lo que hará por ti, esto es lo que quiero que hagas ahora mismo:

"¿Qué es lo que tengo para ti?

Es un taller presencial que se llama Maestría en Infoproductos que te va a enseñar cómo escribir tu libro, subirlo a Amazon, ser Best Seller, cómo crear tu producto de información, cómo vender a precios elevados y te va a enseñar estrategias de Marketing de Guerrilla.

Y esto es lo que quiero que hagas ahora mismo, ve a esta página: movimientoami.net y contrata ahí el siguiente taller en Lima, Perú.

Muchas gracias a todos, espero les haya gustado este Webinar.

Vayan a movimientoami.net y contraten el siguiente taller, es todo en este vídeo.

Tu amigo, Helio Laguna, chao, chao."

Facebook Live

Sigue el nuevo hermano mayor o hermano menor que va a ser el hermano mayor de los Webinars, que son las transmisiones de Facebook Live.

Llevo un año un año completo haciendo tres transmisiones de Facebook Live al día.

Hago una transmisión con "La hora con Batman", otra transmisión de "Pregunta el tío Frank" y otra transmisión de "Manejando con Heliosaki".

Tres transmisiones al día.

Ya te he dicho cómo se hace una trasmisión de Facebook Live:

Saludas a todos, les dices de qué va a tratar la transmisión, les pides que comenten y compartan la transmisión, tu gran promesa, qué se van a llevar como resultado de la transmisión, entregas el contenido que quieres y al final los envías a tu embudo:

"Envíame un Whatsapp o regístrate en esta dirección para recibir tal regalo o comprar tal cosa" y así vas a poder vender.

YouTube

YouTube está viendo el éxito completo que tienen las transmisiones de Facebook Live y ya sacó las transmisiones de YouTube Live.

Cuando tu inicias un YouTube Live, le manda un correo electrónico a todas las personas que están suscritas a tu canal y pronto va a encontrar una estrategia para crearte una audiencia cuando den con todas esas aplicaciones que desde el celular te van a permitir iniciar una transmisión de YouTube.

Desde hace unos días estoy haciendo una transmisión de YouTube al día.

¿Cómo las hago?

Saludo a todos, les digo de qué voy a hablar la transmisión, les pido que comenten y que compartan la transmisión en Facebook, les digo qué se van a llevar al ver el vídeo, les entrego el contenido que tienes y los envío a mi embudo o les pido que compartan:

"Suscríbete a mi canal de YouTube para recibir las siguientes notificaciones de las transmisiones de YouTube Live o envíame un Whatsapp al +121 311 105 5643 o cualquier otra cosa."

Publicar Imágenes Virales

Llevo cuatro años subiendo imágenes virales a Facebook y no he sido consistente hasta 2016 y siendo consistente he logrado más de 300.000 fans en un año, subiendo ocho imágenes en cada página de fans al día.

80.000 en "Helio Laguna", 120.000 en "Tips Millonarios", 60.000 en "Los Visionarios", 30.000 en "Mente de Rico" y otras páginas más...

Ya te dije antes cómo encontrar imágenes, pero ahora voy a darte dos estrategias para encontrar textos.

¿Te acuerdas que te dije que "robaras" las imágenes de Robert Kiyosaki?

Pues hay algo más valioso, "robar" el pensamiento de Robert Kiyosaki, o de tu autor favorito.

Para ello, simplemente tomas el pensamiento que puso Robert Kiyosaki y lo reconfiguras.

¿Cómo?

Si pone:

"Transforma ingreso ganado en ingreso pasivo"

Tú vas a poner:

"Convierte ingreso ganado en ingreso residual."

Después le pones tu foto y listo.

Y esto mismo lo puedes hacer, no solo en tu página de fans, sino en Instagram, en Pinterest y vas a lograr lo mismo, tener personas que te sigan, tener personas que te envíen mensajes, si haces el post perfecto como te he explicado.

Otra estrategia para tener estos pensamientos gratis y rápidamente es leer libros.

Yo leo todo el tiempo, porque para poder escribir libros, hay que leer libros, todo el tiempo estoy leyendo entre tres a cinco libros de manera simultánea.

Trato de leer un libro a la semana y cuando estoy leyendo un libro y noto que "salta una mano de libro", una mano ficticia y me da una cachetada mental, se la transmito a 100.000, 200.000, 300.000 personas.

Voy rápidamente, saco una imagen de mi celular y le pongo ese pensamiento que me dejó en shock, obviamente con mis propias palabras, para que crean que yo lo inventé o a veces lo pongo textual y nunca digo "esto lo leí en el libro de tal autor".

Jamás digo eso y las personas piensan que yo lo inventé.

Escribir Libros

No sé si lo sabes pero a día de hoy soy el escritor mexicano más prolífico porque tengo en el momento de escribir este libro, 55 títulos publicados.

Pero no creas que los escribí a lo largo de mi vida, en realidad me costó 10 años escribir el primero.

Pero descubrí la manera de escribir un libro semanal y desde mayo hasta diciembre de 2016 publiqué como 50 libros (hubo semanas de publicar dos).

¿Cómo lo hice?

Apalancándome del trabajo ya hecho.

Simplemente le envío las grabaciones de mis Webinars a Sento Lorente, mi editor de cabecera y él ya se encarga de transcribirlas, darles forma de libro y publicarlos.

En otras palabras, yo le mando una hora o una hora y media de mi trabajo (dependiendo de lo que tarde en hacer mi Webinar) y él me devuelve un libro publicado que me genera ingresos pasivos mensuales.

CONCLUSIÓN

Bueno querido/a lector/a, hemos llegado al final de este libro en el que he querido hacerte llegar todos y cada uno de mis mejores conocimientos en lo que a Marketing de Guerrilla se refiere.

Como has podido observar página tras página, te he mostrado las últimas tendencias en cuanto a herramientas de marketing efectivas se refiere y también las más tradicionales, que aún empleo y me dan muy buenos resultados.

También te he entregado mi listado de máquinas, mis estrategias de marketing, las que empleo a diario para seguir haciendo crecer mi negocio.

Y no solo eso, también te he entregado el mapa exacto de cómo hacerlas funcionar correctamente para que tú también puedas obtener beneficios rápidamente.

¿Adónde quiero llegar con todo esto?

A que ahora querido/a amigo/a, la pelota está en tu tejado.

Ahora eres tú y nadie más que tú quien decide si ponerlas en práctica y convertir la información en acción y la acción en beneficios o simplemente vas a dejar que la información que acabas de recibir se transforme en entretenimiento y ya.

Imagino que, si has llegado hasta estas líneas, lo tienes muy claro y vas a empezar a implementar de inmediato todo cuanto has descubierto en este libro, así que no te entretengo más.

Ponte manos a la obra ¡AHORA!

Nada me hará más feliz que saber en breve de tus Éxitos.

Tu amigo,

Helio Laguna

www.ingramcontent.com/pod-product-compliance
Lightning Source LLC
Chambersburg PA
CBHW021003180526
45163CB00005B/1873